KB175973

함께 걷는
느린 학습자 학교생활

90
human therapy

함께 걷는
느린 학습자 학교생활

이보람 지음

이담북스

프롤로그

반갑습니다. 경계를 걷는 모든 이들과 함께 걷겠습니다. 경계를 걷다 특수교사 보람 쌤입니다! 저는 14년 차 특수교사로 학교 현장에서 아이들과 함께 호흡해왔습니다. 물론, 많은 부모님에게 아이의 학교생활과 관련한 상담도 해드리고 느린 학습자 친구들의 원활한 학교 적응을 위해 일반교과 선생님들과도 긴밀하게 소통해왔습니다.

그러던 어느 날 사랑하는 막내딸 러블린이 경계선 지능 진단을 받게 되면서 저의 정체성에는 일대의 혼란이 찾아왔습니다. 14년이라는 시간 동안 얼마나 많은 아이를 보아왔고, 얼마나 많은 부모님을 만나 상담했는지 모릅니다. 그러나 정작 제가 경계선 지능 아이를 키우는 부모가 되어보니 지금껏 해왔던 많은 말들이 블랙아웃 되어 혼란에 빠진 제 모습을 발견하게 되었죠.

왜 조금 더 일찍 알아차리지 못했지?

왜 우리 가족에게 이런 일이 일어난 걸까?

대체 무슨 일이 벌어지고 있는 거지?, 라는 생각들이 저를 벼랑 끝으로 밀어 넣었고

앞으로 이제 어떻게 해야 하지?
우리 아이는 평범해질 수 있을까?
경계선 지능에 완치는 있을까?, 하는 막막함이 저를 엄습했습니다.

    한참을 절망의 함정에 빠져 허우적거리고, 눈물로 밤을 지새우고 새벽을 맞이하던 여러 날을 보낸 후 '이제는 내가 해왔던 많은 말들을 삶으로 살아내야 하는 시점이 찾아온 거구나!'라는 생각이 저를 흔들어 깨웠습니다. 이제 러블린은 더이상 부족한 부모 아래서 자라는 치명적인 한계를 가지고 태어난 아이가 아니라, 나라는 부모를 만나 점점 더 성장하고 있는 아이입니다. 내가 절대 바라지도 않았고 선택하지도 않았던 상황이었지만, 내게 주어진 이 상황은 사명이라는 옷을 덧입히고 제게 익숙했던 그 자리를 특별한 자리로 바꾸어주었습니다.

저와 같은 혼란을 겪고 혼자라는 외로움 속에 몸부림치는 많은 느린 학습자 부모님들이 있을 겁니다. 그분들에게 나의 전문성이, 또 내가 겪은 이 상황이 새로운 위로가 되도록 자리를 마련하고 싶어졌습니다. 미흡한 사회적 인식과 정보의 부족으로 인해 어려움에 빠져 있는 수많은 러블린들이 자신의 속도를 존중받고 더불어서 살아가게 된다면 얼마나 좋을까?, 하는 꿈까지 꾸게 되었습니다.

이 책은 이러한 고민 속에 만들어진 첫 열매입니다. 교사의 마음으로 공교육 안에서 정처 없이 맴돌기만 하는 우리 아이들의 모습을 리얼하게 비춰주고자 애쓰고, 부모의 마음으로 우리 아이들이 겪어야 할 학교생활과 이슈들을 먼저 예측해봄으로써 도움을 주고자 합니다. 책을 통해 경계를 걷는 모든 이들과 함께 걸어가고, 경계선 지능에 대한 편견을 걷어버리며 느리게 걷는 우리 아이들에게 "천천히 가도 돼. 우린 함께니까"라는 이야기를 들려주고 싶습니다.

특별히 느린 학습자 친구들을 위해 애쓰고 계신 부모님, 학교 교사, 치료사, 정책연구가, 사회적기업에 이르기까지 경계를 걷는 모든 이들이 느린 학습자 친구들을 온전히 이해하고 함께 걸어갈 수 있도록 느린 학습자의 생애주기별 가이드와 이슈들을 포함했습니다.

쉽지 않은 상황 속에서도 언제나 사랑과 지지를 담아 손잡아 주고 토닥여주는 '사랑하는 그녀' 김보람 님께 먼저 감사한 마음을 보냅니다. 또한 우리 아이들을 위해 언제나 애써주시는 경계를 걷다 마음 멘토 정하나 박사님, 아임 굿 멘토 유선미 박사님, 언어 멘토 김혜진 대표님, 피치마켓 멘토 함의영 대표님, 소중한 글 멘토 홍창기 대표님, '슬기로운 초등생활' 멘토 이성종, 이은경 쌤, 옆반 은솔쌤, 이담북스 출판사에도 감사의 마음을 전하고 싶습니다. 마지막으로 경계선 지능 입양가족 모임 '고슴도치사랑' 부모님들과 경계를 걷다를 통해 함께 소통하고 있는 구독자분들을 비롯해 경계를 걷는 모든 분들에게 깊은 감사와 응원의 마음을 보냅니다.

경계를 걷다
보람 쌤 드림

준비운동

느린 학습자 자가 진단 체크리스트 (선별용)

다음에 아동의 행동 특징이 문장으로 표현되어 있습니다. 아동이 지난 6개월 동안 이러한 행동 특성을 보였는지 확인하여 체크해 보세요. 점수가 커질수록 '매우 그렇다'에 가깝습니다. (자가진단 체크리스트는 모의 진단이니, 참고용으로 확인하시고 정확한 진단은 전문기관에서 받아보세요.)

	번호	구분	점수			
			0	1	2	3
인지	1	주의집중 시간이 짧다.				
	2	표현하는 언어가 제한적이다.				
	3	보고 따라하는 것이 원활하지 못하다. (행동 및 과제)				
	4	과제를 할 때 쉽게 산만해진다.				
	5	여러 번 반복해도 지시사항을 수행하지 못한다.				
	6	방금 전 가르쳐준 내용도 까먹는 경우가 있다.				
	7	경험한 일을 시간의 순서에 맞게 전달하지 못한다.				

학습	1	수업 시간에 멍하게 앉아 있다.				
	2	또래에 비해 기초학습 능력이 떨어진다.				
	3	또래에 비해 어휘력이 부족하다.				
	4	또래에 비해 읽기 유창성이 부족하다				
	5	현재 학년 기준으로 학습부진이 나타난다.				
	6	시계를 볼 줄 모른다.				
	7	돈 계산을 하지 못한다.				
사회성	1	친하게 지내는 또래가 없다.				
	2	상대방의 의도를 제대로 파악하지 못한다.				
	3	상황파악이 안 되어 눈치가 없다는 피드백을 받는다.				
	4	약속이나 규칙을 지키는 일을 어려워한다.				
	5	무리에서 벗어나 혼자 있을 때가 많다.				
	6	갈등 상황에서 적절히 변호하지 못한다.				
	7	또래로부터 괴롭힘을 당한 적이 있다.				

정서						
정서	1	기분 변화가 심하다.				
	2	작은 일에도 쉽게 흥분한다.				
	3	무기력하거나 우울한 모습을 보일 때가 있다.				
	4	오해를 하는 경우가 많이 있다.				
	5	새로운 상황이 닥치면 위축된 모습을 보인다.				
	6	또래에 비해 순진하고 착하다는 말을 듣는다.				
	7	제시된 과제를 확인하지 않고 모르겠다며 포기한다.				

각 영역별 점수 합계가 10점 이상, 혹은 전체 점수 합계 40점 이상이거나 점수가 높지 않더라도 위와 같은 문항에 따라 학교생활에 어려움을 보이는 상황이라면 경계선 지능 관련 전문 상담을 통해 정확한 진단을 받아보기를 추천합니다.

ADHD 자가진단 체크리스트 (선별용)

　　다음에 아동의 행동 특징이 문장으로 표현되어 있습니다. 아동이 지난 6개월 동안 이러한 행동 특성을 보였는지 확인하여 체크해 보세요. 점수가 커질수록 '매우 그렇다'에 가깝습니다. (자가진단 체크리스트는 모의 진단이니, 참고용으로 확인하시고 정확한 진단은 전문기관에서 받아보세요.)

번호	구분	점수			
		0	1	2	3
1	수업이나 활동을 할 때 주의집중을 하지 않고 부주의해서 실수를 한다.				
2	가만히 멈춰있지 못하고 손발을 계속 움직인다.				
3	놀이 시 지속해서 주의집중에 어려움을 보인다.				
4	수업 시간에 돌아다닌다.				
5	상황에 맞지 않게 과도한 움직임을 보인다.				
6	지시에 따라 수행해야 할 일을 끝마치지 못한다.				
7	조용히 하는 놀이나 활동에 어려움을 보인다.				
8	말을 너무 많이 한다.				

9	과제나 활동을 할 때 필요한 것을 자주 잃어버린다.				
10	외부 자극에 쉽게 산만해진다.				
11	자기 순서를 기다리지 못하고 충동적인 모습을 보인다.				
12	과제나 활동을 체계적으로 하지 못한다.				
13	주위에서 아이의 모습이 산만하다는 지적을 받는다.				

합계가 15점 이상이거나 점수가 높지 않더라도 위와 같은 문항에 따라 학교생활에 어려움을 보이는 상황이라면 ADHD 관련 전문 상담을 통해 정확한 진단을 받아보기를 추천합니다.

💬 우리는 어떻게 느린 학습자 부모가 되는가?

느린 학습자 부모의 삶은 나의 자녀가 느린 학습자라는 것을 알게 되고, 인정하게 될 때 비로소 시작되는 것 같습니다. 각자마다 느린 학습자의 징조를 발견하게 되는 시간과 모양은 다르겠지만, 제게도 그날의 이야기는 여전히 충격으로 남아 있습니다.

작년 가을에 일어난 일이에요. 그날도 러블린은 평소와 같이 조금은 엉뚱한 이야기를 재미있게 조잘거리고, 통통한 몸매에 어울리게 뒤뚱뒤뚱한 걸음으로 어린이집에 등원했죠. 부모의 눈에는 그저 러블리함 그 자체로 보이는 예쁜 딸아이랍니다. 어린이집에서의 생활은 들여다볼 수 없으니 그저 두 오빠들처럼 잘 지내고 있을 거라 생각했어요. 그러나 그날 어린이집 원장님께서 하신 이야기는 저와 와이프에게 청천벽력 같은 소식이었어요.

"러블린이 발달검사를 좀 받아보면 좋겠네요."

입양을 통해 러블린을 만났다는 상황을 이해하고 계시고, 충분한 신뢰를 바탕으로 이루어진 관계였기 때문에, 원장님의 말은 저에게 더욱 큰 충격으로 다가왔습니다.

러블린이 발달검사를?
러블린이 못 걷는다는 진단을 받기도 했고 또래보다 늦게 걷기는 했지만 트램펄린을 이처럼 좋아하는걸?
러블린이 또래와 비교하면 말도 느리고 할 수 있는 단어가 충분치 못하지만 이미 눈빛만 봐도 무슨 말을 하고 싶은지 알겠는걸?

러블린이 아직 자기관리가 미흡해서 실수도 가끔 있고, 오빠들이 만들어놓은 레고도 넘어뜨리긴 하지만 그것마저도 사랑스럽잖아.

러블린이 대근육이 약해서 율동을 보고 따라 하거나 움직임이 디테일하지는 않지만 놀이터 그네는 너무 좋아하잖아.

러블린이 소근육이 약해서 가위로 자르거나 단추를 끼우거나 하는 동작을 어려워하지만 내가 먼저 도와주면 되지.

어린이집에서 또래 친구들과 어울려서 놀지 못하고 치인다는 느낌을 종종 받지만 시간이 지나면 해결될 거야.

처음에는 러블린이 발달에 어려움이 없다고 변명하고 싶은 마음에 하나하나 곱씹어 돌아보았는데, 아뿔싸! 곰곰이 돌아보니 러블린이 가지고 있는 특성에 무언가 문제 있어 보인다는 사실을 깨달았어요. 이 사건은 저에게 평생 잊지 못할 충격으로 흔적을 새겼어요.

느린 아이를 키우는 많은 부모님이 러블린집 사례와 비슷한 과정을 거치게 되는 것 같아요. 아이의 특성은 계속해서 우리를 느린 학습자 부모로 초청하고 있었는데, 조금 느릴 뿐 큰 문제가 없다고 생각한 것이죠. 시간이 지나면 모든 것이 제자리로 돌아올 거야, 라고 생각하면서 아무렇지 않게 생활했고 조금 키우기 까다롭긴 하지만 왜 그런지 모른 채로 넘어가요. 그러다가 소아과 의사로부터, 어린이집으로부터, 학교로부터 아이의 특별함을 지적받고 곰곰이 아이를 돌아보게 되는데 결국 우리는 충격이라는 흔적을 남긴 채로 치료실로 향하게 되죠. 이때부터 우리는 비로소 느린 학습자 부모의 길을 걷게 된답니다.

목차

PART 1

느린 학습자의 부모 생활

1장

느린 학습자 부모가
빠지기 쉬운 함정

혹시 함정을 만들어 본 경험 있으세요? 제가 살던 곳은 낮은 산길이 많은 시골이었어요. 어린 시절 친구들하고 종종 뛰어놀던 아지트가 있었는데, 그곳에 가면 저희가 파놓은 함정이 있었어요. 얼마나 진지했는지 모종삽을 가지고 땀 나도록 웅덩이를 파고, 손톱에 때가 가득 끼도록 안을 파내었죠. 그 위에는 밟기만 해도 와작 소리가 나며 부러지는 나뭇가지들을 어설프게 올려놓기도 했고요. 그뿐만이 아니에요. 색바랜 큰 나뭇잎까지 구해와 위장전술까지 해두었죠. 물론 이 함정에 빠진 사람은 함정 만들었다고 신나서 까불이 춤을 추다가 발을 헛디딘 그 누구(저라고 말 못함)였답니다. 그땐 철이 없었죠. 어른이 되면 함정이 이처럼 무서울 거라고는 생각 못 했으니 말이에요.

함정이란 '빠져나올 수 없는 상황이나 남을 해치기 위한 계략을 비유적으로 이르는 말'이에요. 이 함정에 빠지게 되면 대부분의 사람은 당황하고 패닉에 빠지게 되죠. 또 함정은 늪과 같아서 벗어나려고 발버둥을 치면 칠수록 더 깊은 수렁으로 끌어내리더라고요.

저는 우리 느린 아이를 키우는 부모가 피해 갈 수 없는 필수 코스가 바로 이 함정이라고 생각해요. 느린 학습자 부모가 되면 필수적으로 경험할 수밖에 없는 감정의 소용돌이 그걸 저는 함정이라고 부르고 싶어요.

혹시, 왜 하필 우리 아이에게 이런 일이 벌어진 거지?, 라고 생각해본 적 있나요?

우리 아이가 장애 진단을 받으면 어쩌지?

우리 아이는 한글은 뗄 수 있을까? 결혼은 할 수 있을까?

학교생활은 제대로 할 수 있는 거겠지?

직장생활도 하는 평범한 누군가처럼 일상을 살 수 있을까?

이런 생각이 꼬리에 꼬리를 물고 찾아와 긴 밤을 뜬눈으로 지새워 본 경험을 해보았나요? 이 속마음은 사실 러블린이 경계선 지능 진단을 받고 제가 함정에 빠져있던 날 발견한 마음이었답니다. 특수교사가 되기 위해 학문적으로 공부하고 부모의 감정을 배웠으며 현장에서 상담하며 많은 부모님을 보았지만 그 모든 것들이 걱정으로 가득한 속마음을 피해 갈 수 있도록 도와주지는 못했어요. 오히려 더 깊숙한 수렁에 빠져들었다는 것이 더 솔직한 표현이겠네요.

특수교사도 치료사도 심지어 의사도 전문성을 발휘하는 누구도 이 과정은 피해 갈 수 없을 거예요. 그래서 우리가 느린 아이의 부모로서 맞이해야 할 이 감정의 소용돌이(함정)를 아이의 성장을 기대하는 느린 학습자 부모가 거쳐야 할 필수 코스쯤으로 여겼으면 좋겠어요.

함정은 예상하지 못했을 때 더욱 치명적이라는 특징을 가지고 있어요. 그렇기 때문에 "나는 절대 함정에 빠지지 않을 거야!"라고 다짐하는 것보다 "나도 함정에 빠질 수 있어"라고 인정하는 편이 좋고, 함정에서 벗어나고자 힘을 잔뜩 주는 것보다는 천천히 "어떻게 빠져나오는 것이 좋을까?"라고 생각하는 편이 도움될 거예요. 그럼 느린 학습자 부모가 빠지기 쉬운 함정에는 어떤 것이 있을까요?

💬 모든 게 내 탓인 것 같아요

"지금 겪고 있는 모든 상황은 나 때문이야."

"나 때문에 우리 아이가 고생하고 있는 거야."

　자신을 탓하며 눈물이 앞을 가린다면 자책의 함정에 빠진 겁니다. 특히 경계선 지능은 명확한 장애 진단명이 나오지 않잖아요. 그렇기에 주변 가까운 사람들 심지어 가족들조차도 무심코 엄마의 양육 방식을 탓하거나 아빠의 무관심을 비난함으로써 양육자를 자책의 함정으로 밀어 넣어버리죠.

　더 큰 문제는 꼬리에 꼬리를 무는 자책의 함정 속에서 열매가 맺혀진다는 것입니다. 이 열매는 바로 우울과 무기력이랍니다. 미안함에 눈물 나고, 애잔함에 눈물 나고, 난 왜 이 모양이지?, 하면서 자책하고 있진 않은가요? 세상의 모든 아이는 괜찮아 보이는데 우리 아이만 이상해 보여 속상하다면 지금 우울의 열매를 맺고 있는 거랍니다.

　혹은, 무엇인가 해야 할 것 같은데 어디서부터 시작해야 할지 모르겠고, 내가 가진 능력은 없어 보이고, 열심히 아이를 위해 달려가는 다른 부모들은 대단해 보이는데 아무것도 못 하는 자신이 한심해 보이진 않은가요? 그렇다면 지금 무기력의 열매를 맺고 있는 상황이랍니다.

　솔직하게 이야기해서 우리, 완벽하지 않은 거 알잖아요. 나도 알고 너도 알고 모두가 알죠. 그렇기 때문에 나를 자책하게 만드는 소리에 귀 기울이면 당연히 동의가 돼요. 없는 얘기도 아닌 거고요. 그래서 자책의 근거를 찾아보면 고구마 줄기처럼 끊임없이 나올 수밖에 없어요. 그렇지만 저는 여기에서 우리

어머님들께 고구마 줄기가 아니라 단호박을 드리고 싶어요. 단호하게 '멈춰'라고 외치고 싶어요.

잘 알고 있겠지만, 자책으로는 결코 문제가 해결될 수 없답니다. 내가 자책의 함정에 허우적대는 동안 우리 아이를 치료할 골든타임은 흘러가고 있습니다. 또 다른 자책의 근거가 열매로 맺혀지고 있는 거죠. 좋은 엄마가 되고 싶은 마음도 있고 애잔한 내 아이를 잘 키우고 싶은 마음도 있으니까 미안한 거잖아요. 자책도 하는 거잖아요. 그럼 이제 좋은 부모로서의 모습을 충분히 갖추신 거예요.

우리 아이들은 부모를 선택하지 않았어요. 선택지 자체가 주어지지 않았죠. 우리 아이의 인생에서 연결된 부모는 나 하나뿐이랍니다. 내가 진정 못난 부모이든, 잘난 부모이든, 가지고 있는 것이 많든, 적든 우리 아이의 부모는 오직 나 하나뿐이에요. 그러니 완벽한 부모가 되기 위해 애쓰지 말고, 우리 아이에게 최고의 부모가 되기 위해 애쓰기로 해봐요. 옆집 엄마보다 못나 보여도, 네이버 카페에 멋진 명언을 남기며 글을 써 내려가는 엄마의 모습과 달라 보일지라도 내 아이에게만큼은 최고의 부모가 될 수 있어요. 내 아이의 필요를 가장 잘 알고 내 아이에게 맞춰진 부모가 되는 것, 얼마나 멋진 일이겠어요. 자책의 함정에서 빠져나와야 자신감의 열매를 맺을 수 있답니다.

우리 아이의 발달이 느리다는 것을 알고 있음에도 섣불리 병원에 가 진단받지 못하는 이유는 두려움이라는 함정 때문입니다.

"혹시라도 진단받게 되면 어떡하지?"

"이제 난 무엇을 할 수 있나?"

그러나 "아닐 거야."를 외치며 유튜브를 찾고, 네이버 카페를 찾아 검색하면서 좋은 결과를 수집해 희망 회로를 돌리더라도 결국은 두려움과 마주하게 됩니다. 막막함과 두려움에 사로잡히게 됩니다. 생각해보면 이 진단이라는 상황을 내가 통제할 수도 없는 부분이고 내가 바꿀 수 없는 부분임에도 우리는 두려움에 집착하게 되죠. 그리고 막상 진단이 나오게 되면 아직 다가오지도 않은 미래를 두려움의 색으로 칠해버립니다.

"우리 아이가 느리기 때문에 낙인이 찍혀버릴지도 몰라."

"정상적인 결혼생활도 어려울 거야."

"군대는 어떡하지?"

이 두려움의 함정에서 머물다 보면 하나하나 쓰러져가는 도미노처럼 무너져가는 나의 몸과 마음을 느끼게 됩니다. 이 두려움은 걱정을 통해서 성장하게 되는데, 걱정하는 마음을 멈추지 않고 두려운 마음을 방치하게 되면 점점 더 몸집을 불리고 객관적인 판단이 어려운 상황으로 빠져들죠. 말 그대로 속수무책 당하게 됩니다.

우리가 하는 걱정의 40%는 절대로 일어나지 않으며, 30%는 이미 일어난 일에 관한 것이고, 22%는 사소한 일이에요. 또 다른 4%는 우리가 손쓸 수 없는 문제이고 나머지 4%는 우리의 힘으로 충분히 바꿀 수 있는 있는 일이죠. 걱정해도 소용없는 일이 대부분이라는 겁니다. 그렇기 때문에 우리는 막연한 두려움에서 하루빨리 빠져나와 멘탈(정신)을 붙잡아야 합니다. 막막한 내일이 아니라 오늘을 살아내야 하는 것이죠. 우리 아이들의 미래는 막막한 것이 아니라 오늘의 성장을 통해 만들어집니다.

이런 면에서 조기 진단은 생각보다 유익한 면이 많습니다. 아이의 필요를 정확하게 알게 해주고, 적절한 시기에 치료적 개입을 시작하게 해주죠. 무엇보다 부모의 마음을 굳게 다잡아 줍니다. 상황을 모르고 당하는 것보다 알고 대처하는 것이 더욱 현명한 태도가 아닐까요? 우리 아이들에게는 결과에 대한 목표보다 과정에 대한 목표가 더욱더 현실적입니다. 두려움의 함정에서 빠져나오세요. 오늘을 살아낼 용기를 얻게 될 거예요.

　어렵사리 아이가 진단을 받거나, 아이의 상황을 객관적으로 받아들이게 되는 시점에 우리는 또 다른 함정을 마주하게 됩니다. 그건 바로 조급함이라는 함정이죠.

　이제 막 아이의 진단을 마주한 부모님들의 전투력은 하늘을 찌를듯합니다. 일단 카페와 유튜브에서 아이의 진단명을 키워드 삼아 폭풍 검색을 하죠. 주로 힘들어하는 이야기가 대부분인지라 목표는 치료 성과를 얻은 아이들의 경험담, 문제가 드라마틱하게 해결된 사례 찾기에 있습니다. 또한 관련 전문가나 효과적인 치료센터를 찾는 일에도 힘을 다하죠.

　어느 분야에나 이런 성공사례는 소수에 불과합니다. 하지만 그런 만큼 부모님들에게는 아이의 치료를 향한 전투력을 상승시키고 완전한 치유라는 지상과제를 해결할 수 있다는 기대감을 심어주기에 충분한 연료가 되어주지요. 부모는 한시라도 빨리 내 아이의 어려움의 문제에서 벗어나겠다는 초조함을 가지고 기록으로 승부가 정해지는 단거리 달리기처럼 빠른 시간에 효과적인 방법으로 최선을 다하고자 합니다. 카페를 비롯한 커뮤니티를 섭렵하고, 빡빡한 치료 스케줄을 전혀 두려워하지 않아요. 그런데 이 지점에서 문제가 생기기 시작합니다. 우리 느린 아이를 키우는 것은 단거리 달리기가 아니라 마라톤이기 때문입니다.

저도 이러한 조급함의 함정에 빠져 러블린이 힘들었던 적이 있어요. 제 뇌리에는 치료의 골든타임만 각인되어 있었고, 막대한 시간과 재정을 투입했죠.

아이의 감정과 규칙이 중요하니까 놀이치료를 해야겠어.

아직 대근육 소근육 동작이 어려우니 감통치료도 빠질 수 없지.

가끔 상황에 어울리지 않는 말을 할 때가 있으니 언어치료도 하고, 학교 가려면 인지치료도 해야겠지. 수영이 느린 아이에게 효과적이라는 논문을 봤으니 수영도 해보자.

몇 개월 뒤 우리 러블린이는 결국 코피를 쏟아냈답니다.

나름 한국체육대학교에서 특수교육을 전공하며 유수의 국가대표 선수들을 가까운 거리에서 보았는데, 아무리 대표선수라고 할지라도 단거리 달리기 선수는 마라톤을 절대 뛸 수 없습니다. 호흡도 다르고 페이스도 다르고 코스도 다르고 목표도 달라요. 심지어 신는 신발도 다르죠.

마라톤은 정확한 코스를 알아야 하고 목표를 향해 꾸준히 달려야 해요. 가끔 이 조급함에 밀려 빡빡한 치료 스케줄을 소화해내느라 아이와 부모 모두가 번아웃에 빠지는 경우를 보았어요. 또 조급함에 아이를 다그치다가 정작 중요한 관계가 깨져버리는 문제도 보았지요.

느린 아이는 단기투자로 효과가 나타나는 대상이 아니라 인생 전체를 보는 안목으로 인내하며 기다리는 장기투자와 같습니다. 마라톤이 천천히 자신의 페이스를 유지하고 코스를 이탈하지 말아야 하듯이 우리 아이들 또한 천천히 자신의 페이스를 유지하고 행복한 자립생활의 목표를 잃어버리지 않은 채 여유를 가지고 움직여야 합니다. 조급함의 함정에서 빠져나오면 여유롭게 전체를 볼 수 있는 시야를 갖추게 될 거예요.

2장

느린 학습자 부모가
함정에서 빠져나오려면?

　앞서 느린 학습자 부모가 빠지기 쉬운 대표적인 함정 이야기를 나누었지만 사실 그 외에도 참 많은 함정이 우리를 기다리고 있습니다. 이 함정은 복합적이기도 해서 하나의 함정이 또 다른 함정을 부르기도 하고 예상치 못했던 함정이 툭 하고 튀어나오기도 하죠. 그리고 개인의 성향에 따라 어떤 함정은 아무렇지 않게 지나쳐지기도 하는데, 어떤 함정은 헤어 나오기가 너무 힘든 사건으로 남기도 해요.

　팬데믹 시대의 코로나바이러스만 해도 그렇잖아요. 백신만 만들어지면 모든 혼란이 마무리될 것 같았지만, 뜬금없이 등장한 델타 변이, 오미크론까지 연결되어 나타나 많은 확진자를 만들어냈잖아요? 이처럼 함정은 우리의 힘으로 통제할 수 있는 것이 아니기 때문에 사라질 것이 아니라 지혜롭게 빠져나와야 하는 문제가 되죠. 그렇다면 우리는 어떻게 이 함정에서 빠져나올 수 있을까요?

함정은 모르고 당할 때 치명적이라는 특징이 있습니다. 예상치 못한 카운터 펀치가 KO를 부르는 것처럼 대비하지 못한 함정은 갑자기 우리에게 다가와 몸과 마음을 무너뜨려 버리죠. 그렇기 때문에 함정을 빠져나오려면 먼저 함정의 존재에 대해서 인식해야 합니다. 앞서 느린 학습자 부모가 빠지기 쉬운 함정을 상세하게 이야기한 이유가 바로 여기에 있습니다. 바로 예방주사를 놓는 작업 말이죠.

우리나라가 다른 나라보다 코로나 위기 상황 속에서 방역으로 다른 나라의 귀감이 되는 이유는 무엇일까요? IT 강국으로서의 장점을 살려 정보를 보다 빠르게 그리고 정확하게 전달하기 때문이잖아요. 한창 마스크 대란이 일어났던 시기에도 애플리케이션을 개발해 동네 약국 구석구석 남은 마스크 수량까지도 파악할 수 있었던 사례나 코로나 백신 접종률도 우리 동네 백신접종 덕분에 보다 높일 수 있었죠. 또 재난 문자는 얼마나 탁월하게 울리는지 지진, 태풍, 폭설, 미세먼지까지 어느 곳에 있든지 위험을 예상하고 대비할 수 있도록 도와주잖아요.

마찬가지로 우리 느린 학습자 부모에게 닥쳐오는 마음의 소용돌이도 이처럼 예방할 수 있을 거예요. 나도 함정에 빠질 위험이 있구나, 혹은 지금 내가 함정에 빠져 있구나! 자각하는 순간 함정의 위력은 사라집니다. 마치 강력하게 예고된 태풍이 시간이 지나 우리나라에 상륙할 때는 힘을 잃고 사라지는 것처럼 내 삶 속에서 영향력을 잃어가게 되는 것이죠.

하지만 인식하는 것만으로는 해결되지 않아요. 내가 이길 수 있는 힘을 키우지 않는 이상 함정은 또다시 나와 우리 아이를 위험에 빠뜨릴 게 뻔하기 때문이죠. 이제 함정의 실체를 알았으니 당당하게 이겨낼 수 있도록 힘을 길러보아요!

💬 나만의 시간을 먼저 확보해요

느린 아이를 키우다 보면 나를 잃어버릴 때가 많습니다. 온통 나의 시선에는 아이만 보이고 아이만 걱정이죠. 아이에 초점이 맞춰져 있다 보니까 자연스럽게 나를 잃어버립니다.

그러다가 어느 순간 돌아보면 누구 엄마 누구 아빠만 살아가게 됩니다. 예쁘고 당당했던 아가씨 시절은 온데간데없어지고 죄송하다며 연신 고개를 숙이고, 문제가 터지지는 않을까? 실수는 하지 않을까? 5분 대기조가 되어서 노심초사하며 살아가지요. 치료실에 어깨가 축 늘어진 모습으로 멍하니 시간을 보내는 부모님을 쉽게 찾아볼 수 있는 이유 중 하나입니다.

이은경 작가는 27권이 넘는 다양한 책을 집필한 초등 교육 분야의 전문가이자, 10만 명의 구독자를 보유한 유튜버로서 강연가로서 대중을 만나고 있습니다. 동시에 느린 학습자 아들을 키우는 부모이기도 하죠. 한때 느린 학습자 부모로서 자책의 함정에 빠져 우울증 약을 먹었을 정도로 힘들어했던 평범한 부모 중 한 사람이었죠. 그랬던 이은경 작가가 우울과 자책의 함정에서 빠져나오기 위해 했던 노력은 바로 자기만의 시간을 확보하는 것이었습니다.

자신의 우울함과 무기력함에 고스란히 영향을 받고 있던 아들이 눈에 밟히는 순간 이대로는 안 되겠다 싶어서 당장 집 근처 도서관에 가서 하루에 40권이 넘는 책을 읽었다고 합니다. 또 본인의 취미이자 로망이었던 글쓰기 시간을 확보해서 꾸준히 글을 써 내려갔다고 해요. 그 과정들이 쌓이다 보니 자연스럽게 함정의 터널에서 빠져나오게 되었고, 지금처럼 많은 사람에게 사랑받는 작가로서의 새로운 인생을 살게 되었다고 경계를 걷다 인터뷰를 통해 이야기해 주었습니다. 그래서 지금도 많은 느린 아이를 키우는 부모님에게 자기만의 시간을 꼭 확보하라고 권하신대요.

오늘은 이 분주함에서 한 발짝 벗어나 나만의 시간을 확보해보시면 어떨까요? 예쁜 카페에서 차도 마시고, 만나고 싶은 사람도 만나서 수다도 실컷 떨어보고, 연극도 보고, 책도 읽고, 미용실에 가서 머리도 하면서 지금 나의 고군분투하는 삶만이 전부가 아님을 느낄 수 있도록 리프레시 하는 시간을 꼭 가져보세요.

그저 부모님들의 점수를 따기 위해 쓴 말이 아니에요. 우리 아이들을 위해서 하는 이야기랍니다. 아이는 부모의 감정을 오감으로 느껴요. 아이에게 삶에 지쳐 찌들어 있는 모습을 보여주면 아이는 앞으로 살아가야 할 모습이 이와 같다고 여길 수 있어요. 반면에 부모가 당당하고 행복하게 자기 삶을 살아가는 모습을 보여주게 되면 자신에게 주어진 인생 또한 행복할 것이라고 생각하게 된답니다.

몸을 움직이면 마음도 답을 찾아가요

독일 카를스루에 대학 스포츠 과학과 교수인 클라우스 뵈스는, 걷기를 통해 신체적 건강뿐 아니라 정신적 건강에 도움이 된다고 이야기합니다. 심지어 걷기를 통해 정서장애 및 집중력 결핍에도 효과가 있다고 했는데 이것은 신진대사를 활성화할 뿐 아니라 ACTH 호르몬 분비를 촉진해 감정 및 집중력, 행복감을 일으키기 때문이라고 말하고 있습니다. 쉽게 말해서 우리의 생각과 육체는 서로 영향을 주고받으며 밸런스를 유지하는데 운동하며 육체를 활성화할 때 함정에 빠진 우리의 흔들리는 멘탈이 다시 제자리로 돌아온다는 이야기입니다.

러블린의 진단 이후 저희 부부가 석촌호수 길을 걷기 시작한 이유도 바로 이 연구 덕분입니다. 처음에는 아무런 생각이 나지 않도록 걷기에만 집중했고, 시간이 지나면서 나에게 주어진 상황들을 돌이켜보았습니다. 그다음은 왜 나에게 이런 문제들이 생겼는지 고민하기 시작했고, 결국 내가 원하는 삶은 이것이 아니지만 내게 주어진 지금의 모습은 이거구나!, 하고 받아들였죠. 실제로 무너져있던 제 생각은 아내와 함께 공원을 걸으며 회복되기 시작했습니다.

그 외에도 화창한 햇살이 나를 감싸며 광합성을 즐기는 순간 뇌가 맑아지는 경험을 했고, 어둠이 짙게 깔린 호숫가 사이에 비친 화려한 롯데타워 불빛이 새로운 생기를 불어넣어 주는 듯한 에너지를 얻기도 했습니다. 이때 나와 같은 고민을 하는 많은 부모님 생각이 났고, '경계를 걷다' 유튜브 채널이 탄생했으며, 이렇게 책을 쓰게 되었습니다.

생각해보면 책을 집필하는 이 순간이 참 놀랍습니다. 사실은 함정에서 빠져나오고자 이리저리 몸부림쳤던 것의 결과물이 바로 이 책이기 때문이죠. 어떤 대단한 논문의 결과를 들이대지 않더라도 내가 경험한 실제이기에 더욱 자신 있게 이야기할 수 있는 것 같습니다. 당장 아이의 치료 스케줄을 고민하기보다 나의 걷기 스케줄을 고민해보면 어떨까요? 몸을 움직이면 마음도 답을 찾아가더라고요.

💬 마음을 기댈 곳을 찾아봐요

함정의 강력함은 외로움을 먹고 커진다는 것에 있어요. 그렇기 때문에 함정에서 빠져나오기 위해 좋은 공동체에 속하는 것 또한 중요합니다. 느린 학습자 부모. 특히 경계선 지능 아이를 키우고 있는 부모님들은 혼자라는 외로움이 강합니다. 심한 장애에 속하는 것이 아니기 때문에 장애 부모님들과 있을 때는 아무 말도 못 하고, 조금이라도 힘든 이야기를 하자면 더 어려운 상황에 있는 부모님들 때문에 미안한 마음이 들기도 합니다.

반대로 정상 발달을 보이는 엄마들과 어울리자니 우리 아이의 상황이 전혀 달라 괴리감을 느끼죠. 공감이 되기보다 오히려 뒤처지는 느낌을 지울 수 없습니다. 아이뿐만 아니라 부모도 애매한 위치에 있는 것이죠. 그러다 보니 자연스럽게 나만 혼자라는 생각에 빠질 수밖에 없답니다.

분명 각자가 느끼는 감정과 함정은 다를지 모릅니다. 그러나 이 함정은 나한테만 있는 것이 아니라 느린 아이를 키우는 모든 부모가 함께 겪고 있는 것입니다. 지금 이야기한 함정 속에서 고개를 끄덕이고 그래 맞아, 라고 공감하는 나의 모습을 발견했다면, 지금 다른 누군가도 동일하게 아! 하면서 공감하고 있다는 것을 기억했으면 좋겠습니다. 우리는 결코 혼자가 아닙니다.

우리에겐 이 마음을 솔직하게 오픈하고 서로를 토닥여 줄 수 있는 건강한 공동체가 필요합니다. 공감의 힘은 생각보다 강력하거든요. 저는 입양 아이를 키우면서 동시에 느린 아이를 양육하는 부모님을 위한 '고슴도치 사랑' 모임에 강사로 함께하고 있습니다. 느린 아이를 키우는 부담감에 입양이라는 스토리가 더해져 더욱 힘들어하는 분들이 많이 계셨지요. 어렵사리 시작된 첫 모임 시간. 모두들 눈시울이 붉혀졌습니다. 안녕하세요. 그저 인사말만 나누었을 뿐인데 이 인사말이 이처럼 사람의 마음을 움직이는 줄 몰랐습니다. 아마도 각자의 마음속 울림이 공명을 이루었기 때문에 가능한 일이겠죠? 그날은 거창한 강의를 하지 않아도 모두 감동했습니다. 새 힘을 얻었습니다. 함정의 구덩이에서 하나둘 빠져나오고 있었고, 서로에게 위로받고 있었습니다.

유튜브도 이러한 이유로 시작했습니다. 건강한 공동체를 이루는 일, 나 혼자의 일이 아니라 우리가 모두 겪어가고 성장하고 있다는 것을 아는 순간 우리는 이 함정에서 빠져나오는 지혜를 얻게 되거든요. 우리 함께 마음을 기댈 곳도 찾아보고, 누군가가 마음을 기댈 수 있도록 우리의 어깨를 내어주면 어떨까요? 또한 유튜브를 시작하고 전국 각지에 있는 부모님들과 소통하다보니 커뮤니티가 있거나 이제 생기는 지역이 있어 소개해 드립니다.

지역	명칭	형태
전국구	느린 학습자 시민회	사단법인
전국구	고슴도치사랑 (입양가족느린학습자부모모임)	입양 부모 모임
전국구	경계를 걷다 (유튜브 온라인 커뮤니티)	경계선지능 유관기관 및 부모 모임

서울시 구로구	하랑	부모 모임
서울시 도봉구	느루별	부모 모임
서울시 양천구	해냄	부모 모임
서울시 동대문	청년숲 (사회적 협동조합)	청년 부모
서울시 동대문	엘르 (느린학습자 청년 당사자 모임)	청년 당사자
서울시 성북구	소나기	부모 모임
경기도 의정부시	시나브로	부모 모임
경기도 오산	함께, 우리	부모 모임
경기도 용인	다가감	부모 모임
강원도 춘천	느린소리	부모 모임
서울시 동대문	사다리 (느린학습자 청년 당사자 모임)	청년 당사자
서울시 성북구	찬찬지기 (느린학습자 청년 당사자 모임)	청년 당사자
경상남도 통영	거북이놀이터	부모 모임
서울시	경계선지능인 평생교육 지원센터	경계선 지능인 평생교육

느린 학습자 부모가
가져야 할 마음의 원리

3장

💬 **학교생활, 아는 만큼 보여요**

불안함은 우리 느린 아이를 키우는 부모에게 있어서 뗄 수 없는 감정 중 하나입니다. 학교에 보내 놓고도 아이가 잘 적응할 수 있을지, 학습은 잘 따라갈 수 있을지, 문제행동은 보이지 않을지 한순간도 마음을 편히 놓을 수 없지요. 그럼 이 불안한 마음 어떻게 해결할 수 있을까요?

지피지기라는 단어 아시죠? 상대를 알고 나를 알아야 한다는 뜻을 담고 있는 고사성어입니다. 우리가 느린 아이를 키우는 부모로서 아이를 학교에 보낼 때 가장 명심해야 할 원리가 바로 이 단어에 있어요. 왜냐하면 우리 아이에 대해서 자세히 알 때 제대로 된 지원이 이루어질 수 있고, 우리 아이가 만나는 친구 그리고 선생님에 대해서 자세히 알 때 적절한 지원을 받을 수 있기 때문이겠죠. 덧붙여 우리 아이가 생활하는 학교생활의 모습을 잘 파악하고 있으면 불안한 감정은 어떻게 도와줄 수 있을까? 하는 구체적인 솔루션으로 변화하게 됩니다. 사실 우리의 불안은 아이들이 학교에서 무엇을 배우고 어떻게 생활하는지를 모르기 때문에 더욱 커지거든요.

그렇기에 우리 느린 학습자 부모는 '아는 만큼 보인다!'라는 마음의 원리를 갖는 것부터 시작합니다. 여기서 아는 것은 교육과정을 꿰뚫어 보고, 아이 교과서의 종류를 파악하고 있는 것만을 의미하지 않겠죠. 오히려 관심이라는 표현이 더 적절하겠네요.

먼저, 우리 아이의 특성을 알고 있어야 합니다. 우리 느린 아이들은 자신만의 속도로 성장합니다. 지금과 같이 조기교육과 선행학습이 당연한 것처럼 되어버린 대한민국 학교 문화 속에서 우리 아이의 속도를 알고 적절하게 조절해주지 못한다면 아이들은 금방 지치게 돼요. 아무리 열심히 속도를 내도 그 격차는 벌어질 수밖에 없거든요. 하지만, 아이의 속도를 알고 있는 부모님은 여유를 갖습니다. 장기적인 성장 방향을 가치로 삼고 속도에 불필요한 에너지를 쏟지 않게 되죠. 결국 인생은 속도가 아니라 방향이 중요하다는 것을 알게 되거든요.

다음으로, 우리 아이가 만나는 선생님을 알고 있어야 합니다. 학교생활은 혼자만의 영역이 아니라 함께하는 영역입니다. 끊임없는 관계의 연속이죠. 이때, 선생님의 성향을 알고 선생님의 고민을 알게 되면 반대로 부모가 함께 협력할 기회를 얻게 됩니다. 우리는 부모이기 때문에 우리 아이 한 명을 바라보지만, 선생님에겐 우리 아이가 많은 아이 중 하나입니다. 그 가운데에서 아이의 개별적인 특성을 발견하면서도, 다양한 유형의 아이들을 한 학급 안에서 원팀(One team)으로 이끌어내 가기 위한 학급 운영을 고민하기도 하죠. 이를 바탕으로 아이의 특성을 있는 그대로 오픈하면서 선생님께 도움을 요청하고, 녹색 어머니, 폴리스, 급식 모니터링 등 학급 운영에 도움을 더할 수 있다면 우리 아이 학교생활의 협력자로서 해야 할 역할을 할 수 있을 거예요.

마지막으로, 우리 아이의 학교생활을 알아야 합니다. 학기 초 학교에서 안내되는 학사일정을 참고해서 아이의 학교생활 스케줄을 파악해보시면 좋아요. 매달 학교에서 진행되는 행사와 평가 기간 등을 체크해두시면서 아이가 경험할 학교생활을 예측해보세요. 아이와 함께 준비하는 시간을 갖는다면 아이의 학교생활 적응 능력을 높여줄 수 있습니다.

💬 일부러 그러는 게 아니에요

조금도 집중하지 못하고 산만하게 움직이는 아이를 보며 얘는 왜 이럴까? 한숨을 깊게 내뱉어보신 적 있으신가요? 반복해서 알려줘도 도통 알아먹지 못하고, 방금 하지 말라고 분명히 주의를 주었건만 또다시 하지 말라는 행동을 반복하는 아이를 보며 답답했던 경험, 혹시 있으신가요? 느린 아이를 키우는 많은 부모님이 느끼는 어려움 중 하나일 거예요. 어떤 때는 이 답답함을 속으로 삼키지만, 대부분은 소리를 꽥 지르고 나서 내가 너무했나? 자책에 빠지기도 하죠. 그런데 이때 우리가 기억해야 할 사실이 있어요.

"우리 아이는 일부러 그러는 게 아니에요."

아직 준비되어 있지 않았을 뿐이에요. 우리는 아이의 문제행동에 집중할 때 부정적인 감정이 올라오게 됩니다. 그러나 아이의 문제행동 이유를 들여다볼 여유가 생기면 짠한 마음이 빼꼼 얼굴을 내밀어요.

사람은 누구나 존중받고 싶어 하고 사랑받고 싶어 해요. 기본적인 욕구이자 자연스러운 현상이에요. 누구도 상대에게 불편함을 끼치고 싶거나 비난받고 싶지 않죠. 우리 느린 아이들도 마찬가지예요. 그런데 자기를 조절할 수 있는 능력이 부족해 자꾸 실수하게 되죠. 잘 해내고 싶어도 어떻게 해야 할지 몰라 허둥대게 돼요. 잘하고 싶은데 잘되지 않는 아이의 마음 혹시 이해되시나요?

때때로 옳고 그름을 알려줄 때보다 그 마음을 알아줄 때 변화가 일어나는 것을 봅니다. 우리 아이들에게는 조금 더 그 마음을 살펴볼 수 있는 인내가 필요해요. 실수를 지적하는 사람보다 온화하게 꼬옥 끌어안아 주는 경험이 아이를 살리게 될 거예요.

얼마 전 '쇼미더머니'라는 프로그램에서 머드 더 스튜던트와 악동뮤지션이 부른 노래가 있어요. '불협화음'이라는 곡이죠. 이찬혁 씨의 퍼포먼스도 멋졌지만 그 안에 담긴 메시지가 저의 마음을 더욱 따뜻하게 만들어주었습니다. 불협화음이란 서로의 의견이 맞지 않아 충돌함을 뜻하는 단어인데, 이 가수는 이것을 나만의 특성과 개성이 존중되어야 한다는 메시지로 풀어냈죠.

우리 느린 아이들은 또래 친구들과 함께 있으면 튀는 모습으로 원치 않는 주목을 받을 때가 참 많죠. 덕분에 동그라미들 사이에 놓인 각진 세모처럼 독특함이 묻어나옵니다. 많은 경우 이런 우리 아이들을 보고 적응하지 못한다, 또래와 어울리지 못한다, 눈치가 없다, 라고 문제 중심의 지적을 받게 되죠. 그런데 이 곡은 이것을 작품이라고 부릅니다. 각자의 속도가 존중받고, 아이가 지닌 특성이 배려받을 때 우리는 비로소 각자의 튀는 특성을 작품으로 바라볼 수 있게 되는 것이죠.

맥스 루케이도가 쓴 동화 《너는 특별하단다》에서는 엘리라는 목수 아저씨가 만든 나무 사람들이 등장합니다. 그들은 서로 금빛 별표와 잿빛 점표를 가지고 만나는 사람을 평가하곤 하죠. 외모가 예쁘고 재능이 뛰어난 나무 사람에게는 금빛 별표를 붙여주고, 외모가 못생기거나 뭐 하나 잘하는 게 없는 사람들에게는 잿빛 점표를 붙이는 식으로요. 주인공으로 등장하는 펀치넬로는 늘 잿빛 점표를 받는 나무 사람이었습니다. 자신에게 붙여진 잿빛 점표를 보며 자신이 좋은 나무 사람이 아니라고 생각해요. 그러던 어느 날 루시아라는 친구를 통해 점표가 붙지 않는 비밀을 발견하게 됩니다.

"남들이 너를 어떻게 생각하느냐가 아니라 내가 나를 어떻게 생각하느냐가 중요한 거야.
단지 나는 나라는 이유만으로 특별한 것이란다"

그 이후로 펀치넬로는 형편없는 나무 인간으로 살아가지 않고, 특별한 작품으로서의 나무 인간으로 살아가게 되었답니다. 당연히 다른 사람들이 붙이는 별표 스티커나 잿빛 스티커가 몸에 붙지 않게 되었죠. 누군가에게 평가받지 않고 있는 그대로 특별한 존재인 것을 알려주는 아주 소중한 책이라고 생각이 되었어요.

우린 이 느린 학습자 아이들의 부족함을 더욱 지적할 수도 있지만, 반면에 느린 아이들을 있는 그대로 특별하다고 말해줄 수도 있습니다. 어떤 평가가 우리 아이들의 자존감을 높이고, 새로운 도전을 할 수 있는 힘을 길러줄 수 있을 것 같은가요? 우린 우리의 아이들을 작품이라고 부르는 어른이었으면 좋겠습니다.

PART 2

학교 다니는
느린 학습자 이야기

느린 학습자의 학교생활
왜 알아야 할까?

💬 우리 아이 학교생활에 관심을 듬뿍 주세요

초등학교 6년, 중학교 3년, 고등학교 3년. 우리 아이들은 학교라는 공간에서 적어도 12년이라는 시간을 보내야 합니다. 일주일에 5일은 학교에 출석해 생활해야 하고, 하루 24시간 중 적어도 6시간 이상 학교에 머물죠. 인생의 전환점을 이루는 이 황금 같은 학령기에 아이들에게 큰 영향을 미치는 공간은 단연 학교라는 공간입니다. 이곳에서 우리 아이들은 공부만 배우는 것이 아니라, 진로와 관련된 핵심 역량을 배웁니다. 친구와 관계를 맺고, 선생님을 비롯한 어른과 함께 생활하는 법을 배우면서 말이죠. 즉, 학교는 인생을 배우는 공간입니다.

그렇기에 우리는 우리 아이들의 학교생활을 잘 알아야 할 필요가 있습니다.

공교육을 신뢰할 수 없기 때문이 아니라, 우리 아이들에게는 이 학교에 다니는 시간이 그 어떤 때보다 중요한 시기이기 때문입니다. 우리 느린 아이들은 학교에 맡기는 단순한 아웃소싱으로는 알아서 성장하기가 쉽지 않습니다. 분명한 방향성을 가지고 자신의 속도에 맞춰진 개별화된 지원이 필요하죠.

안타깝게도, 학교 현장은 아직 우리 느린 아이들의 속도를 존중해주기엔 여러모로 아쉬운 점이 많습니다. 2016년 개정된 초중등교육법이나 2021년 개정된 기초학력보장법 등 다양한 시도가 이루어지고 있는 것은 사실이나 냉정하게 보았을 때 우리 느린 아이들이 있는 그대로 존중받는다는 느낌을 받기가 어렵습니다. 입시 위주의 공부, 획일화된 평가 방식, 경쟁과 압박을 통해 성장을 끌어내려 하는 모습 등 그 가운데에서 우리 느린 아이들은 존중받기는커녕 자리를 채우는 들러리에 지나지 않죠. 자연스럽게 실패와 우울을 경험할 수밖에 없습니다.

몇 년 전 교육과정평가원에서 '학습 부진 아이들은 어떻게 성장하는가?'라는 제목으로 연구를 진행한 적이 있습니다. 학교생활의 전환기를 앞둔 초등 저학년 학생, 초등 고학년 학생 ,중학생 세 그룹으로 나뉜 총 44명의 학습 부진 아이들을 3년에 걸쳐 추적 조사하며 질적 연구를 진행한 것이죠. 이때 우리 아이들의 성장 동력은 가정에서의 관심, 의미 있는 선생님의 포기하지 않는 지도, 의미 있는 친구들과의 관계로부터 나온다고 보고되었습니다.

느린 학습자는 획일화된 트랙 안에서는 만족스러운 성과를 거둘 수 없지만,

자신의 속도를 기다려주고 있는 그대로 존중받는 환경에서는 분명한 성장을 보입니다. 지금까지 아이들의 능력이 부족해 성장이 이루어지지 않고, 실력이 없어 수포자, 과포자가 되었던 것이 아닙니다. 아이들이 성장할 수 있는 적절한 지원과 개개인에게 적합한 트랙이 제공되지 않았을 뿐이죠.

이 책은 그런 의미에서 우리 느린 학습자 아이들의 학교생활을 리얼하게 담아내려 했습니다. 느린 아이를 키우는 부모로서 아이들의 학교생활에는 관심을 갖고 있지만, 실제로 학교에 들어와 아이들의 실상을 파악할 수 없는 부모님들의 마음을 알기 때문이죠. 또 한편으로 느린 아이를 가르치는 교사로서 아이의 성장에 도움을 줄 수 있는 협력자는 오직 부모님들이라는 믿음도 있었습니다. 학교에서 우리 아이들의 교육이 안전하게 이루어지는 그날까지 우리는 부모로서, 교사로서 느린 학습자 친구들의 학교생활을 주목해보아야만 합니다.

긴 호흡을 가지고, 넓은 안목을 가지고 아이들 한 명 한 명의 개별화된 지원 트랙을 마련한다면 우리 아이들의 성장은 결코 먼 이야기는 아닐 것입니다.

💬 역지사지, 우리 아이를 만나는 선생님들도 고민합니다

학기 초 아이를 보내고 불안함에 걱정되는 부모님들이 참 많습니다. 지피지기라는 고사성어 아시죠? 우리가 아이를 잘 알고, 아이가 만나는 선생님을 잘 알 때 학교생활 속 신뢰 관계를 잘 구축할 수 있답니다. 선생님들이 하는 학기 초 고민을 알면, 이것을 역으로 활용해 지혜롭게 접근할 수 있거든요.

선생님들의 고민 첫 번째. 아이들 특성에 대한 고민

부모님들은 우리 아이의 진단명과 특성을 개별적으로 잘 이해하고 계시죠. 경계선 지능, 지적장애, 자폐스펙트럼, 학습장애, 학습 부진, 난독 등 다양한 영역의 특징을 가지죠. 그런데 우리 선생님들은 느린 아이들의 구체적인 특성과 명칭을 알고 있는 게 아니라, 대부분 학습 부진 학생의 범주에서 이해해요. 그래서 어떻게 지원해줘야 할지 막막해하죠.

선생님들의 고민 두 번째. 학급 운영에 대한 고민

선생님은 아이 개개인이 아니라 여럿이 모인 반을 운영해요. 공동체를 운영하는 것이죠. 그 안에는 빠른 아이 느린 아이 리더십 있는 아이 수동적인 아이 내성적인 아이 등등 다양한 유형의 아이들이 있어요. 그렇기 때문에 이 아이들에게 공통적인 규칙과 학급 문화를 만드는 것에 큰 힘을 쏟아냅니다. 또 학급 운영에는 우리 아이들만 있는 게 아녜요. 요즘은 학교는 학부모님들과 소통해서 일을 처리해야 하는 작업이 많잖아요. 녹색 어머니, 부모 폴리스, 반대표, 급식 모니터링 등등 다양한 영역에서 학부모님들과 연결되어 있어야 해요. 이런 부분 어떻게 해야 할까? 어떻게 협력하는 분위기를 만들까? 고민하신다는 거죠.

우리 부모님들도 학교에서 전화 오면 콩닥콩닥 가슴이 뛰고, 철렁하시죠. 사실 선생님들도 그렇답니다. 좋은 일이면 좋겠지만 요즘 코로나 시국에는 더욱 힘들죠. 민원전화, 무리한 요구, 이기적인 내용의 통화들은 선생님들의 큰 고민 중 하나에요. 특히나 학기 초 느린 아이의 특성을 보이는 경우에는 고민이 더욱 커져요. 어디까지 이야기해야 할까? 고민하는 것이죠. 특히 수용적이지 않은 부모님을 만나면 더욱 주저합니다.

물론 이외에도 업무, 수업, 동료 교사와의 관계 등등 다른 고민도 많이 하지만 지금 알려드린 3가지가 우리 부모님들과 밀접한 내용이라서 알려드려요. 그럼 이것을 활용해서 어떻게 선생님과 신뢰 관계를 구축할 수 있을까요? 솔루션 나갑니다!

솔루션 1. 아이의 특성을 정확히 알려주세요

아이들의 특성에 따라 접근법이 달라져요. ADHD에서 보이는 산만함과 경계선 지능의 산만함은 조금 다르죠. ADHD는 충동성 조절이 어렵고 한 가지에 집중하기 어려운 측면이 있는데, 경계선 지능은 이해 능력의 어려움과 처리 속도의 어려움으로 나타납니다. 예컨대 교과서 펴기 연습이 안 되어 자꾸 페이지를 찾는 행동이 산만함으로 비칠 수 있다는 거죠. 또 난독은 클리닉이 필요한 부분인데 이것을 모르고 무작정 책 읽기를 시키면 안 됩니다. 일반교과 선생님들은 이런 부분을 잘 모르는 경우가 있으니 부모님들이 학기 초 아이를 설명하는 영역에서 자세히 알려주시면 도움이 될 겁니다.

솔루션 2. 학급 운영의 지지자가 되어주세요

선생님은 학급 운영에 대한 고민을 가지고 계시죠. 그럼 반대로 그 고민을 덜어주시면 어떨까요? 고마운 관계가 되겠죠. 녹색어머니회, 반대표, 급식 모니터링 등 여러 분야에서 선생님들을 돕고자 노력해보세요. 여러 역할로 한 번이라도 학교에 공식적으로 방문하고 그 안에서 만나는 관계들이 아이에게 긍정적인 영향을 줍니다. 또한 학교에서 한번씩 부모님을 마주치는 경험은 아이에게도 힘을 줍니다. 저도 당당히 유예하는 어린이집에서 운영위원 신청서를 제출했어요. 물론 상황이 여의치 않은 부모님들이 많습니다. 부담을 드리려는 것이 아니에요. 다만 마음은 서로 주고받는 것이기에 연락 한번 할 때도 적극적으로 돕겠다는 뉘앙스로 대화하면 좋겠죠?

솔루션 3. 오픈을 주저하지 마세요

아이의 특별함을 어디까지 오픈할지는 항상 논란이 되는 부분입니다. 저도 느린 학습자 부모이다 보니 그 마음 너무 이해해요. 낙인 때문에 걱정되는 마음, 또 아직 인식이 아주 미흡해서 실제로 아픈 경험을 하신 부모님들 계실 거예요. 사소한 문제도 아이의 특성 때문에 오해받고, 기회를 제대로 못 받을까봐 걱정하는 마음이요. 이 부분은 오픈한 부모님의 문제가 아니라 아이를 온전히 이해하지 못하고 적절하게 케어하지 못한 환경의 문제라고 생각해요.

선생님들의 입장에서는 3월이 되면 아이들의 특성이 보여요. 우리 아이만 있는 게 아니라 또래 아이들 여럿 중에 하나로 보이니 당연히 느린 부분이 튀어나올 수밖에 없고, 일이 년 아이를 본 것이 아니기에 팍팍 눈에 띄죠. 선생님들은 몰라서 알려주지 않는 게 아니라 주저하기 때문에 못 알려드리고 있는 부분이 있어요. 저도 교사이지만 부모님들께 좋은 소식이 아닌 내용을 섣불리 알려드리기가 쉽지 않아요. 충격에 대한 걱정, 공격적인 반응을 보일까 싶은 걱정, 내가 잘 알지도 못하면서 긁어 부스럼을 내는 것이 아닌가 하는 걱정 등 이런 여러 생각들이 많아요.

결국 아이는 가정과 학교에서 연계된 지원이 아니라 서로 안전거리를 유지한 채 남겨지는 경우가 많이 생기죠. 조기 진단 조기 개입으로 아이에게 더 좋은 환경이 제공될 수 있는데도 말이에요. 저는 그래서 유튜브를 하기 시작했고, 선생님들께는 부모님들의 마음을 헤아려 달라고, 부모님들께는 선생님들이 이런 고민을 갖고 있다고 알려드리는 역할을 하는 거죠. 결국 우리 아이에게 도움이 되는 영역이니까요.

결론적으로 학교에서 우리 아이에게 힘이 되어줄 수 있는 어른은 선생님이고, 선생님은 우리 아이를 돕기 원하신다는 마음을 기억해주면 좋겠어요. 이렇게 학교 안전망을 구축하면 보다 더 학교에 적응하기 수월해질 거예요.

학교 다니는 느린 학습자를 보는 세 가지 시선

💬 **부모가 바라보는 느린 학습자**

불안함이란 감정은 느린 아이를 키우는 부모라면 헤어질 수 없는 감정 중 하나일 것입니다. 부모 눈에는 어느 것 하나 서툴지 않은 것이 없고, 불안해 보이는데 학교라는 곳은 부모가 들여다볼 수 있는 환경이 아니잖아요. 상상의 나래를 펼치기에 딱 안성맞춤이죠.

"준비물은 잘 챙겨갔나?"

"수업 시간에 딴짓하다가 혼나는 건 아닐까?"

"친구들에게 치이거나 왕따 당하지는 않을까?"

아이를 혼자 물가에 내놓은 것처럼 안절부절못하게 됩니다. 이 마음을 꾹꾹 눌러 담아 수업 끝날 때까지 걱정되는 마음으로 기다리다 아이가 하교하면 속사포같이 질문을 쏟아내게 되죠.

"밥은 잘 먹었어?"

"무슨 일 없었니?"

"친구들하고는 괜찮았어?"

결국 우리는 아무 말도 듣지 못하고 소득 없는 질문만 쭉 늘어놓은 채 또다시 상상의 나래를 펼치게 되죠. 이런 나날이 반복됩니다.

학교 다니는 느린 학습자를 보는 부모의 마음은 이처럼 불안함과 답답함으로 가득 차 있습니다. 어느 것 하나 시원하게 해결되지 않고, 가끔 울리는 전화 벨 소리에도 혹시 학교에서 무슨 일이 있는 것은 아닐까?, 우리 아이가 누구에게 피해를 입은 것은 아닐까?, 라고 노심초사 안절부절못합니다. 언제쯤 우리는 이 불안함에서 안정을 찾게 되는 걸까요?

선생님들은 매년 3월 2일 아침이 되면, 올해 나와 함께 할 아이들은 누구일 까?, 하는 설레는 마음으로 첫인사를 합니다. 그리고 출석을 부르죠. 눈을 마 주치고 이름을 부르는 순간 신기하게도 아이들마다 느껴지는 인상이 모두 제 각각입니다. 자신감이 넘쳐 보이는 아이, 수줍어서 어쩔 줄 모르는 아이, 잠깐 이라도 장난치고 싶어 안달이 나 까불거리는 아이, 의젓함이 베어져 있는 아이 등 다채롭습니다. 그 가운데 우리 느린 학습자 친구들은 어떻게 비칠까요?

우리 느린 학습자 친구들은 힘이 없어 보일 때가 많이 있습니다. 그리고 아 무런 시작도 하지 않았는데 이미 무거운 공기가 아이를 감싸고 있는 것처럼 느 껴집니다. 아마도 주변 친구들에게 느꼈던 눈총과 학교라는 공간에서 충분히 경험한 좌절감이 이러한 위축을 만들지 않았을까 조심스럽게 생각해봅니다. 왜 불길한 예감은 틀리지 않는 것인지, 본격적으로 학기가 시작되면 첫인상은 대부분 학교생활 태도로 증명되곤 합니다.

선생님이 바라보는 느린 학습자 친구들을 향한 걱정은 크게 2가지인데요. 하나는 학습 의욕이고 또 다른 하나는 친구 관계의 어려움이죠. 수업은 이미 한창 진행 중인데 교실 뒤편에 앉아 힘없이 칠판 한번, 벽시계 한번 돌아보면 서 지루해하는 우리 아이를 발견하게 되면 안타까운 마음을 가질 수밖에 없어 요. 모든 학교 수업이 학년별로 연결되어 있기 때문에 한번 이 시기를 놓치면 이후 학습에도 영향을 미칠 수밖에 없거든요. 한번 빠진 부진의 늪은 쉽게 헤어 나올 수 없다는 것을 누구보다 잘 알기에 어떻게 해서라도 수업 장면 속으로 당겨오고 싶지만 쉽지 않은 문제더라고요.

더군다나 학교는 공부하는 공간이기는 하지만, 또 다른 관계를 배우는 공간이잖아요. 학교에 다니는 친구들에게는 어찌 보면 공부보다 더 중요한 것이 이 또래 관계일 거고요. 그런 면에서 선생님들이 바라보는 느린 학습자 친구들의 친구 관계는 위태로워 보일 수밖에 없습니다. 아이들이 고학년이 되어 갈수록 좀 어리숙해 보이거나 자신과 다르다고 생각하는 친구는 안 끼워주는 경향도 있습니다. 대놓고 왕따를 당하는 경우도 종종 있지만, 대부분은 상대를 안 하고 그룹에 끼워주지 않는 상태로 유지됩니다. 더욱 속상한 것은 이런 상황이 느린 학습자 친구에게 익숙하고 당연한 일상이 되어간다는 거예요.

"나는 혼자가 편해요."
"나는 친구 없어도 돼요."

이 말을 곧이곧대로 듣는 선생님은 없겠죠. 특히나 아이들의 관계는 선생님의 개입이 적극적으로 들어갈 수 있는 영역이 아니기 때문에 더욱 답답함을 갖게 됩니다.

학교에서 반 친구들이 자신을 어떻게 생각하는지 절실히 알게 되는 순간이 있습니다. 바로 모둠 활동 시간인데요. 이 모둠 활동 시간이 되면 순식간에 세 그룹으로 구분됩니다.

먼저는 인기 그룹입니다. 여기에 해당하는 친구들은 가만히 있어도 함께 모둠 활동하자고 제안이 들어와요. 모둠을 찾는 데 큰 어려움이 없습니다. 자신이 원하는 곳을 선택해 가면 되지요.

다음으로는 쏘쏘 그룹입니다. 누군가가 찾아주지는 않지만 그렇다고 거절 당하지도 않아요. 단짝이 있어서 함께 움직이거나 친구에게 다가가 같이 모둠 하자고 제안하며 어렵지 않게 모둠을 구성하죠.

마지막으로 외딴섬 그룹입니다. 누구도 찾지 않고 모둠을 함께하기 싫어하는 그룹이죠. 적극적으로 모둠을 찾아보려고 다가가지만 이내 차가운 친구들의 시선 앞에서 시도를 멈춥니다. 결국 외딴섬같이 홀로 남겨지는 것이죠. 느낌이 싸하죠? 부모님들의 예상이 맞습니다. 교실 속 우리 느린 학습자 친구들이 흔히 맞이하는 경험입니다.

또래 아이들에게 느린 학습자 친구들은 이방인과 같습니다. 분명 같은 교실 같은 수업을 듣지만, 배우는 속도가 다르다는 이유로, 자기표현이 서툴러 의사소통이 잘되지 않는다는 이유로, 자신들과 소위 코드가 맞지 않다는 이유로 또래들에게 환영받지 못합니다.

공부하기 힘들어하는
우리 아이의 속사정

💬 **열 번 찍어 학습하는 학생이 있다?**

하나를 알면 열을 안다는 말 들어보셨죠? 하나를 학습하면 원리를 알고 응용해서 다양한 지식을 습득한다는 이야기에요. 이런 친구들은 학습에 큰 어려움을 느끼지 않습니다. 그러다 보면 어떨까요? 공부가 재미있어지겠죠. 자신감이 생기죠. 그리고 이러한 경험이 쌓이면서 이제는 내 수준이 어떻고 내가 필요한 부분이 어떤 것인지를 파악하게 되죠. 자기주도 학습이 이루어지는 과정이에요.

그런데 우리 느린 학습자 친구들은 어떤가요? 하나를 가르칠 때 하나라도 알면 좋겠는데, 오히려 열 번을 반복해 가르쳐야 하나를 학습하는 모습을 보이잖아요. 그래서 느린 학습자를 가르치는 부모님들은 인내심의 한계를 경험하기도 하고 마치 밑 빠진 독에 물 붓기 같은 좌절을 경험하게 된답니다. 과연 언제까지 가르쳐야 하는지 답답해지는 것이죠.

이 답답함, 혼자만 느끼는 것 아닐 거예요. 그런데 이 답답함은요, 사실 아이들의 인지적 특성을 고려하지 못할 때 더 커진답니다. 답답하면 큰소리가 나오고 이것은 아이들을 위축시킵니다. 그러다 보면 흥미를 잃고 학습은 더욱 어려워지죠. 그러니 악순환의 고리를 끊어주는 것이 필요합니다.

우리 아이들이 열 번을 찍어야 넘어가는 아이들이라는 것을 미리 기억하고 있다면 아이의 수준에 맞게 그리고 조금 더 여유롭게 아이를 가르칠 수 있을 거예요. 중간에 5번 찍어 넘어가는 학습을 할 때는 오히려 대견한 마음이 들겠죠. 학습의 악순환이 아니라 학습의 선순환을 이루어 가야 합니다.

💬 주의 집중력이 낮은 우리 아이

"딱! 딱!" 엄지손가락과 집게손가락을 튕겨 아이를 집중시켜본 적이 있나요? "누구야! 누구야!"라고 반복하며 이름을 불러도 멍해 보이는 아이 때문에 답답한 적이 있으셨나요? 우리 느린 아이들은 주의 집중력이 낮습니다.

주의 집중력은 집중을 통해 자신에게 주어진 과제를 파악하는 능력입니다. 예를 들어 선생님이나 부모님이 이야기할 때는 그 이야기를 주의 깊게 들어야지 적절한 행동을 할 수 있습니다. 혹은 문제를 풀 때는 그 문제를 끝까지 읽어야 내가 어떤 행동을 해야 하는지 답이 나오잖아요? 그런데 우리 아이들은 집중하기가 어렵습니다.

누군가의 말에 귀를 기울여서 정보를 얻는 것을 청각적 주의집중이라고 합니다. 또 어떤 글이나 눈으로 정보를 얻는 것을 시각적 주의집중이라고 해요. 우리 아이들은 이 주의집중에 어려움을 겪죠. 그러다 보면 어떻게 될까요? 네, 정보를 획득하기가 어려워집니다. 그래서 아이들이 순간 멍해지거나 딴짓을 해버리는 거예요.

주의집중은 학습할 때 필수 요소이기도 합니다. 학습을 위해서는 선생님이 전하는 수업내용에 귀를 기울이기도 하고, 시선을 고정해 선생님을 바라보아야 하는데 그것이 안 돼요. 자꾸 필통에 손이 간다거나, 옆 친구의 머리 만지는 행동에 시선을 빼앗기죠. 산만해지는 거예요. 결국 해야 하는 일이 아닌 엉뚱한 행동을 하곤 한답니다.

게다가 주의 집중력이 낮다는 건 주의를 전환하는 데도 어려움을 보인다는 뜻이 포함돼요. 학교에서 모둠 활동으로 과제를 줬어요. 먼저 책을 읽고, 그 후에 친구들과 책에 나온 등장인물이 되어 역할극을 하라는 미션인 거죠. 우리 느린 아이들은 책을 열심히 최선을 다해 읽다가 재미있는 부분에 꽂혀요. 이제 책 읽는 시간은 마무리가 되었고, 역할극을 해야 하는데 우리 아이들은 책 읽기를 마무리하고 역할극으로 다시 몰입하는 데 시간이 오래 걸려요. 주의 전환이 빠르게 되지 않는 것이죠.

그래서 우리 아이들에게는 짧은 주의 집중력을 활용해서 간단하고 명확하게 전달하는 것이 필요합니다. 주의집중을 방해할 요소들을 제거해 줄 수 있는 환경이면 더욱 좋습니다. 장기적으로는 주의집중을 늘려줄 방법이 필요하겠죠?

💬 기억력에 어려움을 보이는 우리 아이

우리가 너무 자연스럽게 사용해서 놓치는 능력 중 하나가 기억력입니다. 호흡하듯이 기억력을 사용하고 있지만, 너무 익숙해서 잘 주목하지 못해요. 혹시 벨루가라는 동물을 아시나요? 제가 지금 벨루가라는 단어를 이야기했을 때 어떤 분들은 자신이 광고를 통해 접했던, 혹은 롯데월드에서 만났던, 혹은 아쿠아리움에서 만났던 벨루가를 떠올리셨을 거예요. 그렇지만 이 동물을 듣지도 보지도 못한 분들에게는 벨루가?, 라는 물음표가 생기겠죠.

앞서 벨루가를 떠올리신 분은 자신에게 저장된 장기 기억 속 벨루가라는 단어의 경험을 꺼내신 겁니다. 또 순간적으로 '벨루가=동물'이라는 개념을 받아들인 거예요. 그것을 단기기억이라고 합니다. 학습은 단기기억을 장기기억으로 저장할 때 이루어집니다. 거기서만 그치는 것이 아니라 저장된 기억을 꺼낼 때 즉 인출할 때 효과가 나타나는 것이죠.

우리 아이들은 단기기억, 장기기억, 인출 모든 과정에 어려움을 보여요. 생각 주머니가 크지 않아서 한 번에 집어넣을 수 있는 기억의 양이 친구들보다 적어요. 그 작은 용량의 기억을 장기기억으로 옮기는 과정도 버벅이죠. 어렵사리 장기기억에 저장했다고 하더라도 이것을 적절하게 꺼내어 사용하는 것도 어렵습니다.

앞서 이야기한 10번 찍어 학습해야 하는 이유가 바로 여기에 있습니다. 나아가 우리 아이들에게는 단기기억을 장기기억으로 저장하고, 장기기억에서 정보를 찾아 인출하는 과정이 전략적으로 제공되어야 해요. 예를 들어, 자신이 흥미를 보이는 정보 혹은 좋았던 경험과 연결된 정보는 더 많은 내용을 담아낼 수 있답니다. 인출하기도 수월하죠. 이렇게 자연스럽게 그리고 좋은 기억으로 학습한 것을 인출할 수 있도록 훈련해야 합니다.

💬 인지처리 속도가 느린 우리 아이

학습은 주의집중을 통해서 정보를 받아들이고 기억력을 활용해 인출하는 작업입니다. 이 과정을 바로 인지 처리 과정이라고 말하죠. 제가 경계를 걷다 유튜브를 시작하기로 마음먹고 가장 먼저 한 일이 바로 노트북 구입이었습니다. 같은 작업을 하더라도 컴퓨터의 성능에 따라 작업처리 속도가 다르거든요.

기존에 사용하던 컴퓨터가 있었지만 영상작업을 하려면 조금 더 성능이 좋은 노트북이 필요했어요.

컴퓨터에서 이 역할을 감당하는 장치는 CPU입니다. CPU가 높으면 처리 속도가 빨라지고 정확도 또한 좋아지죠. 그런데 CPU가 낮으면 처리 속도와 정확도에 어려움이 생깁니다. 우리 아이들의 인지 처리 과정 또한 이것과 같습니다. 사실 지능지수라고 평가하는 내용에는 우리의 뇌 안에서 CPU의 용량이 얼마이며 그것의 처리 속도는 어떤지를 측정하는 것이거든요. 그렇기 때문에 경계선 지능을 가진 우리 아이들은 이 속도가 재빠르다고 보기 어렵겠죠?

처음 PC(퍼스널 컴퓨터)가 세상에 나왔을 때를 떠올려봅시다. 컴퓨터가 작업을 처리하는 동안 나오는 모래시계 모양 아이콘은 우리에게 익숙했습니다. 모래시계가 얼마나 돌아가느냐에 따라 처리 속도를 확인할 수 있었죠. 그때는 모래시계를 기다리는 미덕이 있었습니다. 지금은 어떤가요? 모래시계가 나타나기 무섭게 답답해하죠? 화를 내거나 꺼버리기도 합니다. 시대가 달라지면서 처리 속도에 대한 기준이 바뀌어버린 것입니다.

그러나 우리 아이들은 컴퓨터가 아닙니다. 그러니 자신만의 속도를 인정받아야만 하죠. 빠르고 정확한 것만이 중요한 게 아니라 한 아이가 온전히 지식을 받아들이고 처리하는 시간을 기다릴 줄 알아야 합니다. 이것은 한 개인의 문제라기보단 사회의 문제라고도 볼 수 있겠네요.

느리미는 오늘도 수업 시간에 엎드려 있습니다. 선생님은 주의를 주며 아이를 일으켜 세우지만 그때뿐입니다. 수업 진도를 나가야 하는 선생님은 느리미만 붙잡고 있을 수 없습니다. 그래서 눈을 질끈 감고 모른 척 수업을 진행합니다. 옆에 있는 짝꿍도 익숙하다는 듯 느리미를 두고 수업에 참여하죠.

느리미는 분명 친구들과 한 공간에서, 동일한 선생님을 통해, 같은 수업내용을 듣습니다. 그런데 과연 느리미는 수업을 얼마나 이해하고 있을까요?

학습 결손(learning loss)이란 수업을 들을 기회는 동일하게 주어졌지만 그 수업 장면에서 온전한 학습이 이루어지지 않은 상태를 의미합니다. 이야기 속 느리미처럼 함께 수업에 참여한 것은 맞지만 그 안에서 배우는 양은 친구들과 현저히 차이가 납니다. 처음에는 인지능력의 어려움으로 시작된 격차였지만 시간이 갈수록 이 격차는 점점 커져서 학습을 포기할 수밖에 없는 상황이 되어버립니다.

이 격차는 마치 조그마한 눈덩이가 눈밭에서 구르며 점점 크기를 키워 감당할 수 없을 정도로 커져 버리는 스노우볼과 같습니다. 한글을 깨치는 것이 늦은 아이는 그 공백 안에서 수업 내용을 따라가기가 어려워집니다. 분수의 개념을 정확하게 파악하지 못한 아이는 중학교 수학을 이해할 수 없습니다. 영어 파닉스를 익히지 못한 아이는 수업 시간에 들리는 영어가 외계어로 들릴 수밖에 없어요. 자연스럽게 수업을 회피하고 싶은 마음이 듭니다. 그래도 교실을 박차고 나갈 수는 없으니 결국 엎드리는 것을 택합니다.

우리는 아이가 수업 중에 엎드려 있는 태도를 비난하기 쉽습니다. 친구들은 열심히 수업을 듣는데 왜 느리미만 집중하지 못하는지 답답해합니다. 그러나 엎드려 있는 아이를 탓하기 이전에 아이에게 있는 학습결손을 이해할 필요가 있습니다. 학습의 격차는 결국 학습 결손의 결과물이 되니까요.

학교생활이 쉽지 않은
우리 아이의 속사정

💬 반복된 실패로 무기력한 우리 아이

인석이의 무기력함은 어릴 때부터 지속되어온 특징이 아니었어요. 초등학교 저학년 때는 발표도 곧잘 하고, 수업에도 적극성을 보였던 아이라고 들었는데, 5학년이 되고 나서부터는 아무것도 하기 싫다는 듯 멍한 표정으로 자리에 앉아 있네요. 쉬는 시간이 되어도 다른 친구들과 뛰어놀거나 어울리기보다는 책상에 엎드려 의욕을 보이지 않는다던가, 이따금 심드렁한 표정으로 교과서에 낙서를 칠하고 있죠. 무엇이 우리 인석이를 위축되게 했을까? 하는 생각에 마음이 자꾸 쓰인답니다.

우리 아이들을 가르치면서 부글부글 끓어오르실 때가 언제예요?, 하고자 하는 의욕이 보이지 않을 때잖아요. 수업이 시작되기도 전에 엎드려버린다든지, 조금이라도 어려운 과제가 나오면 눈동자가 흔들리면서 피하기에 급급한 모습을 보일 때 화나죠? 왜 이렇게 무기력한지. 그런데 이런 행동은 단기간에 나타난 결과물이 아니랍니다. 긴 시간 누적된 실패의 경험이 아이의 마음을 무겁게 짓누르고 있는 상황인 거예요.

그래서 저는 아이들의 무기력에 집중하기보다 학습을 통해 얻는 감정을 살펴보아야 한다고 말씀드립니다. 앞서 이야기한 인지적 특성은 아이들이 선택한 것이 아닙니다. 주어진 것이죠. 왜 그렇냐고 다그칠 수가 없어요. 이 세상을 살아갈 때 어떤 사람은 하나를 배우면 열을 알게 태어났고, 어떤 사람은 하나를 배우면 하나를 알게 태어났고, 어떤 사람은 열 번을 반복해야 하나를 알게 태어난 거예요. 하나님께서 출산하기 전에 "너희 아이는 어떤 아이로 태어났으면 좋겠니?"라고 질문하시고 우리의 의사를 반영해 탄생한 건 아니란 거죠.

우리 아이들은 인지적 특성으로 인해 학습 장면마다 실패를 경험해요. 좌절을 경험해요. 느린 아이라며 눈치받고, 좋지 않은 피드백을 받아요. 무기력에 빠지고 의욕이 없는 것은 어찌 보면 당연한 것 아닐까요? 우리는 아이들의 무기력을 탓하기보다 의미를 찾고 동기부여를 하고 성공하는 경험을 제공해주어야만 합니다.

9살 민수는 활달하고 적극적인 아이예요. 또래 친구들보다 에너지도 많고, 움직임도 과하죠. 때때로 이런 에너지가 부담스러울 정도로 당황스러운 행동을 보일 때가 있어요. 뜬금없이 자리에서 벌떡 일어나 사물함에서 색연필을 꺼내온다든지, 모두가 조용히 앉아 학습지를 풀고 있는 상황에서 급하게 뛰어나와 연필을 깎고 돌아간다든지 하는 모습이죠. 학급 친구들도 이런 민수의 행동이 적절하지 않다는 것을 아는지 몸으로 붙잡아 제지하려고 하거나, 하지 말라고 소리높여 이야기합니다. 이 상황은 또 갈등 상황으로 연결되고요. 우리 민수가 학급 규칙을 이해하지 못하는 건 아닌 거 같은데, 왜 이런 행동을 보일까요?

느린 아이의 산만함과 충동성은 순식간에 많은 사람의 시선을 끌게 되어 있어요. 조회 시간에 갑자기 벌떡 일어나 가정통신문을 제출하고 돌아온다든지, 수업 중간에 수업과 상관없는 질문을 쏟아낸다든지, 기다리라는 말이 끝나기도 전에 먹고 싶었던 반찬을 손으로 집는다든지 느린 아이의 산만함과 충동성은 굉장히 다양한 형태로 나타나게 됩니다.

의자에 바른 자세로 앉아 있는 것부터가 힘들어서 의자 끝에 살짝 엉덩이를 걸치고 흔들의자를 만들어버리기도 하고요. 조용한 시험 시간에는 연필을 이리 저리 굴리다가 바닥에 떨어뜨리기도 하죠. 이럴 때 친구들과 선생님의 시선은 느린 아이에게 날카롭고도 예리하게 꽂히게 되어 있어요. 지적을 받을 수밖에 없는 상황이죠.

이렇게 지적받고 얌전히 있으면 좋으련만 오히려 이런 지적은 자신에 대한 자존감만 낮출 뿐 자신을 조절할 힘이 생기지 않아요. "나는 왜 이 모양이지?" "난 사고뭉치야!" "난 진짜 문제 덩어리구나!" 부정적인 생각들로 자신의 머릿속을 가득 채울 뿐이죠. 그러다 보니 반성보다는 상황을 모면하기 위한 거짓말을 하게 되고, 충동적으로 변명하게 되죠. 심각한 경우에는 공격적인 반항 행동까지 보이게 된답니다. 누구도 눈치받는 것을 즐거워하지 않아요. 우리 느린 아이들도 그건 마찬가지죠.

💬 거절과 부정의 피드백으로 위축된 우리 아이

수찬이는 정이 참 많은 아이랍니다. 언제나 친구들 주변을 맴돌며 함께 어울리고 싶어 하죠. 그런데 표현하는 방법이 서툴러서인지 친구들이 끼워주지를 않습니다. "나랑 사탕 같이 먹을 사람?" 맛있는 사탕을 가지고 와서 친구들에게 제안해보지만 누구도 크게 반응해주지 않아요. 반대로 물건을 떨어뜨리거나, 음식을 흘렸을 때 짜증스러운 피드백이 수찬이를 향합니다.

"수찬아 너 때문에 교실이 더러워졌잖아"

"수찬아 우리 이거 하는 거 안 보여? 조용히 좀 해줄래?"

수찬이는 그저 친구들과 한 무리가 되어 소속감을 가지고 싶어 하는 것 같은데, 친구들에게서 자꾸 거절당하고, 부정적인 이야기만 듣는 모습을 보니 너무 가슴이 아픕니다.

사랑받고 받아들여지기를 원하는 마음은 우리 모두의 마음속에 자리한 기본적인 사회적 욕구입니다. 그렇기 때문에 거절당하거나 부정적인 피드백을 받는 상황은 언제나 익숙해질 수 없죠.

거절 민감성이라는 단어가 있습니다. 거절에 대한 두려움을 얼마나 느끼는

지를 나타내는 특성인데요. 미국 스토니브룩대의 연구자 애슐리 아라이자 교수 연구팀은 아이들을 대상으로 거절 민감성이 형성되는 과정을 주의 깊게 살펴보았습니다. 그 결과 사람들과의 관계에서 맺어진 경험이 아이들의 거절 민감성에 영향을 준다고 보고합니다. 물론 개인의 성격 특성을 무시할 수는 없겠지만, 주변 사람들과 맺어온 관계 경험이 영향을 미친다는 점은 주목해볼 만합니다.

느린 아이들은 대체로 거절 민감성이 높습니다. 자리 배치부터 시작해 조별 활동, 쉬는 시간, 특별활동 시간 등 학교 안에서는 다양한 관계를 맺는 시간이 필요한데요. 이때 친구들과 어울리지 못하고 거절당한 경험들이 불쑥 올라와 새로운 시도를 하지 못하게 만들죠. 실수로 인한 부정적인 피드백은 마음의 불안도를 더욱 요동치게 만듭니다. 결국 거절당하기 싫다는 두려움으로 위축되고, 이것은 자존감 하락으로 연결되어 관계의 어려움을 겪는 악순환이 시작되는 것입니다.

이 거절 민감성을 낮출 방법은 부모님을 비롯한 주변 사람들에게 수용 받는 경험을 제공하는 것입니다. 부모님에게 사랑받는 경험이나, 주변 사람들에게 있는 그대로 인정받고 존중받은 경험은 거절에 대한 두려움을 방어해줍니다. 거절과 부정의 피드백으로 위축된 우리 아이에게 따뜻한 수용과 격려의 말 한마디를 해주세요. 새로운 관계의 도전을 시도할 수 있는 용기로 열매 맺게 될 겁니다.

5학년 여자아이 진주는 내성적입니다. 친구들과 어울리는 법을 몰라서 혼자인 게 익숙한 아이죠. 진주가 제일 힘들어하는 시간은 모둠활동 시간입니다. 친구들끼리 서로 자료를 모으고 의논도 하면서 문제를 해결해야 하는데 내가 무슨 말을 해야 할지, 어떤 역할을 해야 할지 몰라 당황하는 모습을 보여요.

초등학교 3학년쯤 된 아이들에게는 남자와 여자의 개념이 생기면서 서로의 다름을 인식하는 시점이 옵니다. 이때는 주로 성별로 나뉘어 무리를 형성하죠. 쉬는 시간이 되면 남자아이들은 이리저리 자리를 옮겨 다니며 잡기 놀이를 하고, 여자아이들은 모여 앉아 도란도란 대화를 나누곤 해요. 이때 아이들끼리의 보이지 않는 공감 문화가 형성되는데, 이것을 정서적 교류라고 표현하죠. 이때 별것 아닌 일로 까르르 숨넘어가듯 웃음꽃이 피기도 하고, 사소한 일로 얼굴 붉히는 일이 발생하기도 하죠. 우리 느린 아이들뿐만 아니라 초등 저학년 시기에는 모두가 감정을 배워가는 시기이고, 감정을 주고받는 연습을 하는 시기이기 때문에 당연해요.

그런데 우리 아이들은 이 정서적 교류에 참여하기가 쉽지 않습니다. 감정을 알아차리는 것도 수월하지 못하고, 감정을 표현하는 것도 원활하지 못하기 때문이죠. 상대방의 감정을 파악하기 위해서는 그 사람의 말 뿐만 아니라 상황적 맥락을 이해해야 합니다. 똑같은 "싫어!"라는 단어 안에도 얼굴 표정에 따라, 상황에 따라, 말하는 억양에 따라 내용이 달리 해석될 수 있는데 이것을 잘 판단하지 못하는 거예요.

친구가 웃을 때 같이 웃어줄 수 있어야 하고, 화날 때 함께 화도 낼 줄 알아야 하고, 놀릴 때 기분 나쁘다고 표현할 줄도 알아야 서로 주고받는 관계가 이루어지는데 한 타이밍씩 늦고, 웃어야 될 때 뚱한 표정이고, 옆에서 혼나고 있는데 웃고 있고, 놀란다고 해서 폭발하듯 예민하게 굴어버리면 스스로도 답답하고 친구들도 어려움을 토로하게 되죠.

그렇기 때문에 우리 아이들에게는 정서 지각에 대한 훈련이 필요합니다. 정서 지각이란 자신 혹은 상대의 감정을 인식하고, 그것에 알맞게 반응하는 것을 의미해요. 감정은 눈에 잘 보이지 않기 때문에 우리 아이들이 상황을 구체적으로 파악하기 어려워하는 이유가 됩니다. 실생활 속 튀어나오는 감정 반응을 일일이 세밀하게 가르쳐줄 필요가 있어요. 풍부한 감정을 알고 표현할수록 친구와의 관계는 더욱 친밀해질 수 있답니다.

우리 소윤이네 반은 학생이 23명으로 구성되어 있어요. 자연스럽게 누군가는 짝꿍 없이 혼자 앉아야 하는 상황이 발생하죠. 공평하게 아이의 자리를 정하기 위해, 등교하는 순서대로 원하는 자리에 앉기로 약속했는데 가장 먼저 등교한 소윤이는 떡하니 혼자 있는 자리를 선택했습니다. 이런 상황이 궁금했던 선생님은 소윤이에게 왜 혼자 앉느냐고 물어보았는데 소윤이의 대답은 굉장히 쿨했어요. "그냥 혼자 앉고 싶어요!" 당황스러웠던 선생님은 질문의 내용을 바꿔보았죠. "소윤이는 혼자 지내는 시간이 좋으니?" 잠시 머뭇거리던 소윤이는 이렇게 대답했습니다. "아니요. 저도 친구들과 친하게 어울리고 싶어요. 그런데, 친구들이 나와 함께 앉고 싶어 하지 않아요." 이렇게 말하는 소윤이의 눈가에는 눈물이 차올랐습니다.

'낄끼빠빠'를 아시나요? 낄 때 끼고, 빠질 때 빠져야 한다는 관계의 법칙입니다. 낄끼빠빠를 잘하려면 상황 파악이 잘 되어야 하고, 눈치가 있어야 합니다. 자신과 친구, 자신과 선생님 사이에서 흘러가는 대화 내용을 캐치할 수 있어야 하고, 지금 내가 이 상황에서 받아들여질 수 있는지, 내가 끼어들 상황인지, 빠져야 하는 상황인지, 하는 맥락적 상황판단이 이루어져야 하죠. 이것을 사회 인지라고 합니다.

어떤 아이들은 대화를 유연하게 이끄는 기술이 있어서 인기가 있습니다. 친구들 대화에 툭툭 이야기를 끼어들어도 적절한 멘트와 재미있는 말솜씨 덕분에 재미있는 아이, 센스 있는 아이가 되는 것이죠. 우리 아이들은 어떤가요? 안타깝게도 우리 느린 아이들은 개념적이거나 추상적인 사고가 힘들기 때문에, 사회 인지가 그리 좋은 편은 아닙니다. 친구들 대화에 용기 내어 껴들어 가보지만 잘 드는 맥가이버 칼처럼 중간중간 대화의 흐름이 끊어져요. 민망한 미소를 지은 채로 혼자만의 자리로 돌아갈 수밖에 없습니다.

이것은 아이들 사이에 일어나는 관계의 문제이기 때문에 선생님이 개입하기가 쉽지 않아요. 눈에 띄는 문제가 생긴 것이 아니라 그 안에 펼쳐진 맥락적인 상황 속에서 일어난 일이기 때문에 상황을 하나하나 따지며 옳고 그름을 구분할 수가 없죠. 모든 아이들이 불편한 상황에 놓이게 되거든요.

이것은 자신감과도 연결돼요. 이 그룹 안에서 인정받을 수 있다는 자신이 있는 아이는 상황에 따라 다소 어울리지 않는 말을 하더라도 흐름에 끼어들어요. 그런데 자신감이 부족한 아이들은 상황에 맞는 말을 하더라도 소극적으로 행동하거나 흐름에서 튕겨져 나오죠. 우리 아이들에게 필요한 것은 사회적인 상황을 파악하는 센스와 자신감입니다.

학교생활을 잘하고 싶은
우리 아이의 속마음

💬 학교 다니는 의미를 찾고 싶어요

"성수야! 성수는 학교 오는 날 무엇이 제일 기대되니?"

"선생님 저는 학교에서 오늘은 무슨 급식이 나올지 제일 궁금해요. 제가 좋아하는 카레가 나오면 정말 좋겠어요."

"그래, 우리 다 맛있게 먹고살자는 일인데 그치?"

"선생님 저는 우리 교복이 예뻐서 좋아요" 옆에 있던 은혜가 끼어듭니다. 은혜는 아침에 입는 교복을 꽤 마음에 들어 하는 것으로 보입니다.

"다행이다. 너희들도 학교에 다니며 나름대로 의미를 찾고 있구나."

'공부는 나의 사명입니다!', '학교생활을 통해 멋진 어른이 되고 싶어요!' 이렇게 거창한 워딩을 사용하지 않아도 우리 아이들에게는 나름 학교에 다니는 의미가 있습니다. 아니, '우리 아이들도 의미를 찾고 싶어 합니다'가 정확한 내용이지 않을까요?

2021년 대구시는 학교 밖 청소년 가운데 표본을 뽑아 학업 중단 실태 등에 대한 설문조사를 진행했습니다. 그 가운데 75.3%가 고등학교 때 학업을 중단했고, 45.8%는 고등학교 1학년 때 학교를 떠난 것으로 파악됐다고 하네요. 이 친구들이 왜 학교를 떠나게 되었는지 물었는데 가장 많은 대답이 "학교 다니는 게 의미가 없어서"였습니다. 그렇다면 이 타이밍에 우리 아이들에게도 질문해봐야 하지 않을까요? "학교에 다니는 의미가 있니?"라고요.

모든 사람의 인생에는 의미가 있습니다. 왜 학교에 다녀야 하는지 아는 친구들은 어떤 상황에서도 견딜 수 있습니다. 우리 느린 학습자 친구들도 예외는 아닙니다. 그렇기 때문에 우리 아이들도 이렇게 외치고 있는 거예요. 학교 다니는 의미를 찾고 싶다고 말이죠.

발등에 불이 떨어진 듯한 낮은 성적, 끊임없이 몰아치는 수업에 대한 압박, 원활하지 않은 친구들과의 관계 속에서도 어쩔 수 없이 끌려가듯 학교에 가는 아이를 일단 멈춰 세워야 합니다. 그리고 한 가지 한 가지씩 제자리를 찾아갈 수 있도록 도와야 합니다.

그런데 여기서 한 가지 의문이 생겨요. 학교에 잘 다니고 있는 학생들은 그럼 모두 의미를 발견했을까요? 의미를 발견하지 못한다면 그 이유는 무엇일까요?

KBS에서 방영한 '대화의 희열'에서 인생의 의미를 주제로 다룬 적이 있습니다. 많은 청년이 "내 인생의 의미는 무엇일까?"를 고민하고 아파한다는 것이죠. 저도 같은 고민을 해왔던 사람으로서 고개를 끄덕였습니다. 그때 함께 출연하는 다니엘이 이런 말을 합니다. "그 질문은 잘못된 거 아닐까요?" 다니엘은 내 인생의 의미는 아직 정답이 정해져 있지 않은 거라고 하면서 오히려 내 인생을 앞으로 어떤 의미들로 채워 갈지 질문하는 게 맞겠다고 제안했습니다.

다니엘의 말을 들은 저는 무릎을 탁! 치며 새로운 관점을 갖게 되었습니다. 우리 느린 아이들에게 학교 다니는 의미를 정해 주는 것이 아니라 만들어가는 것이 중요한 거구나, 하고 말이죠. 아이들이 자신의 인생을, 학교생활이라는 일상을 의미 있게 채워가도록 도와주는 것은 어떨까요? 맛있는 급식이 학교 다니는 의미인 성수를 위해 학급 게시판에 커다란 식단표를 붙여둔다든지, 교복이 예뻐 아침마다 기분이 좋다는 은혜를 위해 교복 사진 콘테스트를 열어준다든지요.

우리 아이들에게 정답을 알려주기란 불가능한 일이지만, 의미를 채워가는 하루를 제공하는 것은 가능한 일이 아닐까요? 우리 학교 다니는 의미를 함께 만들어가요.

💬 학교 다니는 재미를 찾고 싶어요

"학교 다니기 싫어! 재미없어" 우리 아이들은 학교가 의미 있기를 바라고, 그곳에서 재미를 찾기 바랍니다. 중학교 1학년 찬기도 학교에 적응하는 것이 너무도 어려웠습니다. 아이들이 모두 자신만 쳐다보는 것 같고, 자신의 부족한 실력을 모두 알고 있을 것 같다는 불안감 때문이었죠. 수행평가 시간만 되면 참을 수 없는 긴장감이 폭력적인 행동으로 표출되곤 했습니다. 우리 찬기에게 학교는 안전한 공간이 아니라 가시방석과 같은 공간이었죠.

이때 찬기에게 작은 역할이 주어집니다. 핸드폰에 유독 관심이 있고, 다양한 핸드폰 기종에 흥미 있어 하는 모습을 기억한 담임 선생님이 핸드폰 수거 담당 역할을 준 거죠. 찬기는 학교에 다니는 재미가 하나 생겼습니다. 아침마다 친구들 한 명 한 명의 핸드폰을 관찰할 수 있고, 선생님을 도울 수 있는 역할이 주어졌으니까요. 뿐만 아니라 일본어를 좋아하는 찬기에게 일본문화에 익숙한 친구도 소개시켜주었습니다. 일본 애니부터 시작해, 일본의 문화, 일본에서 만들어진 게임 등 취미를 공유할 친구가 생겼습니다. 이제 우리 찬기는 학교 다니는 재미가 생겼습니다.

학교 가는 날, 우리 아이들은 그 시간을 기다리고 있나요? 아니면 도살장에 끌려가는 소처럼 어쩔 수 없이 뭉그적거리며 학교를 나서고 있나요? 우리 아이들은 학교에 다니는 재미를 찾고 싶어 합니다.

우리는 아이들이 꾸준히 학교에 가는 것만으로 성실하다 말하고, 수업 시간에 조용히 앉아 있는 모습을 보고는 수업에 잘 참여했다고 말합니다. 이런 평가에 익숙해진 사이 우리는 아이가 학교 다니는 게 재미있을까?, 라는 고민을 놓쳐버리죠.

아이들의 놀림거리가 되는 학교, 교실 끄트머리에 앉아 자리만 채우는 수업, 누구도 나의 존재에 관심이 없는 것처럼 느껴지는 학교는 누구도 다니기 싫은 것이 당연합니다. 학교 가는 길이 기대가 되고 즐거우려면 재미있어야 합니다. 들러리가 아니라 주인공이 되어 학교생활을 하는 것이 핵심이죠.

우리는 아이들이 재미있게 등교할 수 있도록 지원해야 합니다. 학교에서 재미를 느낄 수 있는 요소들을 마련해주어야 합니다. 간단한 미션을 통해 아이의 생활에 활력을 불어넣어 주고, 칭찬과 관심을 통해 아이의 가슴이 뛰도록 만들어주었으면 좋겠습니다.

💬 나도 잘 해내고 싶어요

"어떻게 하면 욕을 안 할 수 있어?" 얼마 전 텔레비전 프로그램 '금쪽같은 내 새끼'에 나온 아이의 질문이에요. 대부분 자녀의 문제행동에 답답함을 느끼고, 솔루션을 구하기 위해 신청하는 것이 일반적인데, 이 아이는 스스로가 오은영 박사님의 도움을 받고 싶다며 신청했어요. 아이가 스스로 도움을 구한다는 것에 눈길이 가서 주의 깊게 살펴보게 되었죠.

아이는 화와 짜증을 대상과 상관없이 욕으로 표현하는 문제가 있었습니다. 특히나 엄마에게 더욱 심하게 폭언하는데, 엄마는 이런 상황이 너무 힘든 상태였어요. 이 광경을 지켜본 많은 사람들은 어떤 마음이었을까요? 당연히 아이의 문제 행동에 눈길이 가고, 화를 내서라도 아이를 멈추게 하는 것이 맞다고 생각할 거예요. 그런데 아이가 마지막 속마음을 터놓을 때 머리를 땅하고 맞은 듯한 충격과 함께 눈에는 눈물이 가득 채워졌어요.

"나.도.잘.해.내.고.싶.어.요." 맞아요. 누구도 문제아가 되고 싶은 사람은 없습니다. 우리의 눈길이 아이의 문제행동에 초점을 맞출 때 아이들은 내면에서 이렇게 소리치고 있는 거 같았어요. "나도 잘 해내고 싶어요. 그런데 어떻게 해야 하나요?" 이 마음의 소리를 캐치하면 우리의 반응은 달라집니다. 아이에게 감정을 적절하게 표현하는 법을 가르쳐주고 싶어지고, 아이의 입장에서 상황을 다시 한번 돌아볼 여유가 생기겠죠. 느린 아이를 키우는 부모는 마음을 들여다볼 안경을 장착할 필요가 있어요. 서툰 행동, 설익은 표현, 적절하지 않은 행동 그 안에 숨겨진 아이의 속마음을 들여다보아야 하니까요.

아이들은 인정에 목말라합니다. 활동적인 아이든, 내성적인 아이든 그 표현 방식은 서로 다르지만 인정받고 싶은 욕구는 누구에게나 있어요. 성적이라는 테두리를 벗어나면 우리 아이들도 실력을 발휘할 때가 있답니다. 한글은 또박또박 쓰기 어렵지만 아이돌 안무는 기가 막히게 익혀서 멋들어지게 춤을 추는 아이부터, 수학 점수는 20점이지만 민첩한 운동 실력 덕분에 체육 시간이 즐거운 아이까지 우리 아이들의 재능은 매우 다양해요.

이 아이들에게 새로운 힘은 바로 인정받는 거예요. 비록 수학 모둠 시간에는 구멍으로 친구들의 눈총을 받지만, 그림을 잘 그리는 아이는 미술 시간에 인정받죠. 모둠 과제에 그림으로 꾸미기가 있다면 단연 우리 아이를 먼저 찾습니다.

우리 아이의 존재감은 꼭 성적으로 나타낼 필요는 없습니다. 잘하는 악기가 있거나, 잘하는 운동이 있거나, 그림을 잘 그리거나 특기를 가진 아이는 새로운 돌파구를 찾을 수 있어요. 탁월한 스카우트들은 매의 눈으로 선수들을 관찰합니다. 완벽한 선수를 발견하기보다 가능성이 있는 선수를 찾는 데 힘을 쏟죠. 가능성이 보이는 선수를 발굴해 멋지게 성장시켜 우리 팀에 도움이 되는 슈퍼스타로 만들 수 있으니까요.

우리 아이들도 마찬가지입니다. 완벽하진 않아도 성장 가능성이 있는 재능을 탁월하게 발견해주는 부모가 있을 때, 끊임없는 격려와 기회를 제공하는 선물로 아이들의 미래를 바라보는 선생님을 만날 때 우리 아이들은 당당하게 외칠 수 있을 거예요. "나도 잘하는 것이 있어요!" 하고요.

💬 나도 꿈이 있어요

연애 시절, 지금의 와이프와 함께 맘마미아 2 영화를 본 적이 있었어요. 재미있게 영화를 보고 나오며 흥얼거리던 OST가 있었는데, 바로 〈I Have a dream〉이었습니다. 별빛이 조명이 되어 주인공을 비추면 주인공은 자신의 꿈을 노래하기 시작합니다. 캄캄한 밤 별빛이 밝은 조명이 되어 주는 것처럼 꿈은 우리의 길을 안내하는 하나의 길이 된다고 노래해요. 또 꿈은 어려운 현실을 헤쳐 나갈 수 있도록 돕는 원동력이 된다고 해요. 비록 실패할지라도 꿈이 있기 때문에 포기하지 않을 수 있다고 말하죠.

가사처럼 꿈은 생활을 활력 있게 만들고, 오늘을 의미 있게 만드는 원동력이 됩니다. 비록 실패할지라도, 현실의 문턱이 너무 높아 보여도 그것에 도전할 수 있는 힘이 바로 꿈에서 나오는 거니까요. 때때로 우리는 경계선 지능이라는 특성이 꿈을 재단하도록 내버려두는 경우가 많이 있어요. 우리 아이가 직업은 가질 수 있을까?, 하고 걱정하는 마음이 우리 아이는 어떤 꿈을 꾸고 있을까?, 라는 생각을 멈추게 만들어요. 정말 우리 느린 아이들이 지금 마주한 현실을 이겨내도록 도와주고 싶다면, 지능점수 향상이 먼저가 되면 안 됩니다. 수업에 지체되지 않고 쫓아가는 것으로 결론을 삼으면 안 되겠죠. 오히려 꿈을 심어주는 것, 하고 싶은 것을 발견하도록 도와주는 것이 중요합니다. 그것이 우리 아이들의 학교생활을 도전하게 만드는 핵심이 되거든요. 똑같은 학습 부진을 겪는 아이라도 자신이 하고 싶은 일이 있는 친구는 달라요.

쉬는 시간만 되면 특수교육교실에 찾아오는 은수라는 학생이 있었어요. 은수는 경계선 지능으로 인해 초등학교 시절 도움반을 이용했던 친구였죠. 은수는 우연히 지역아동센터에서 제빵수업을 받은 이후로 꿈을 제빵사로 정했답니다. 혼자서 밀가루를 반죽하고 이스터를 넣어 본 경험이 아이의 눈을 번쩍이게 만든 것이죠. 한참을 부모님을 졸라 어렵게 제빵학원에 등록했고 그 이후로 이따금 교실에 들러 자신이 만든 빵을 전해주곤 합니다. 은수가 만든 빵은 맛있습니다. 물론 빵 맛도 좋았지만, 자신이 하고 싶은 꿈을 발견하고 환하게 웃는 미소가 빵을 더욱 맛있게 만들어준 것 같아요.

지금 꿈이 없다는 대답에 실망하지 마세요. 오히려 다양한 체험과 직업을 탐색할 기회를 제공하고 나서 무엇을 할 때 즐겁니? 어떤 일을 하고 싶니?, 라고 물어봐 주세요. 나에게는 꿈이 있어요! 라는 아이의 대답에는 세상을 다 가진 듯이 행복함을 표현해주시고요.

PART 3

느린 학습자의
초등학교 생활

초등학교
입학 준비 가이드

초등학교는 우리 아이들의 인생에서 처음으로 시작하는 학교생활이자 처음으로 맞이하는 사회생활의 시작점입니다. 그렇기 때문에 이때 경험한 학교에서의 경험이 앞으로의 학교적응에 있어 매우 큰 영향을 미치게 되어 있어요. 초등학교 저학년일수록 아이의 특성이 빠르게 발견되고 이에 맞춰진 개별화된 맞춤형 지원이 이루어질 때, 성장의 효과는 배가 될 것입니다. 또한 아이들의 심리를 보호하면서 학습을 진행해야 이후에 성장할 기회를 얻을 수 있습니다. 초등학교 입학은 이러한 면에서 매우 중요합니다.

💬 첫 관문, 예비 소집일 100% 활용법

초등학교 예비소집일은 우리 느린 아이들에게 있어 매우 중요한 첫 관문입니다. 왜냐하면 아이가 앞으로 6년 동안 다녀야 할 학교에 대한 첫인상을 확인하는 시간이기 때문이에요. 이 첫인상의 결과에 따라 아이들은 학교를 불안하게 시작하게 될지, 아니면 기대감으로 시작하게 될지 결정이 나게 되죠. 첫 만남은 누구에게나 설렘과 기대가 공존하는 것이겠지만, 특별히 우리 느린 학습자 친구들에게는 매우 중요하다고 볼 수 있어요. 그럼 우리 아이의 학교 적응을 위한 첫 시작 예비소집일은 어떻게 준비해야 할까요?

첫 번째, 아이와 예비소집일 스케줄을 공유하세요

예비소집일은 입학식과 달리 별도의 행사가 진행되지 않아요. 특히 코로나 시기에 진행되는 예비소집일은 절차가 더욱 간소화되었죠. 그렇기 때문에 예비소집일 스케줄에서 공유할 만한 사항이 없을 것이라 생각하지만, 우리 느린 아이들은 또래 친구들보다 더 구체적이고 실제적으로 학교를 탐색할 수 있는 계획을 세워주어야 해요.

예비소집일은 우리가 집을 사기 전 모델하우스에 들르는 것과 같습니다. 모델하우스에 들렀을 때 화장실은 어디에 있는지? 방은 몇 개가 있는지, 알파룸은 있는지? 팬트리는 어떻게 구성할지 꼼꼼하게 들여다보게 되죠? 한마디로 내가 집에 들어갔을 경우를 생각해 고민해보는 것이죠. 마찬가지로 우리가 예비소집일을 통해 학교에 방문할 때 아이와 통학하는 등굣길에서부터 시작해, 학교 화장실, 교무실, 아이들이 머물 교실 등에 대해서 꼼꼼하게 아이와 동선을 파악해보고, 학교 곳곳을 탐색해 보는 것이 필요합니다. 이러한 스케줄을 아이와 미리 공유하게 되었을 때 아이에게 학교는 조금 더 의미 있고 친숙하게 다가오게 됩니다.

두 번째, 학교에서 주는 자료를 꼼꼼히 확인하세요

당일 예비소집일에 가면 취학통지서를 제출하고, 학교에서 서류뭉치를 받게 돼요. 이 서류 안에는 학교 안내자료, 예방접종 안내자료, 스쿨뱅킹 신청서류, 돌봄 신청서류, 방과후 학교 안내 등등의 내용이 담겨 있습니다. 우리 아이들의 초등학교 생활을 준비하는 데 아주 유용하게 쓰일 정보들이니 꼼꼼하게 파악해 보세요.

특별히 주목해서 보아야 하는 서류는 '학교 안내' 서류랍니다. 이 안내 서류에는 각 학교에서 추구하는 교육방침과 중요하게 생각하는 영역들이 들어있어요. 예를 들어, 학교에 따라 줄넘기 인증제를 실시하는 경우가 있는데 이럴 경우 우리 아이들은 겨울방학부터 줄넘기를 목표로 삼아 준비하면 좋아요. 혹은, 학교에서 리코더 활용을 주된 관심으로 보고 있으면 마찬가지로 겨울방학의 목표는 리코더 연주가 되겠죠?

그 외에도 제공되는 돌봄 신청서류, 방과후 학교 안내, 스쿨뱅킹 신청서도 꼼꼼히 살펴봅시다. 돌봄 신청 같은 경우에는 제한된 인원만 참여 가능하고, 신청도 입학 전에 진행되기 때문에 기간과 신청일을 잘 챙겨야 합니다. 방과후 학교 같은 경우에는 입학 후에 신청하는 서류이기는 하지만 우리 아이의 특성과 관심사에 맞춰 미리 계획을 세워두는 것이 유용하다는 것도 기억해 두세요.

세 번째, 학생 기초조사서에 관심을 기울이세요

학교마다 양식은 조금씩 다르지만 기초조사서가 있습니다. 이것은 부모님이 작성하는 부분으로 우리 아이에 대한 특성을 적는 부분이랍니다. 이 서류는 다음에 배정될 담임선생님이 처음 우리 아이를 파악하게 되는 중요한 자료가 되니 더욱 꼼꼼히 작성할 필요가 있어요.

물론 내용에서도 지혜를 발휘할 필요가 있는데, 초등학교에 처음 보내는 부모님의 마음에는 염려가 한가득일 수밖에 없어요. 그렇기 때문에 아이의 특성을 적는 부분에 아직 벌어지지도 않은 염려 섞인 내용들을 가득 쓰시기도 하는데 그것보다는 아이가 관심을 보이는 영역과 도움이 필요한 영역의 내용을 바탕으로 아이에 대한 기대와 필요를 동시에 적으시는 것이 도움이 될 거예요.

단, 아이의 충동성의 문제나 약 복용을 하는 경우가 있다면 정확히 이야기해 주세요. 간혹 선생님이 편견을 갖지는 않을까? 하는 염려에 아이의 충동성과 약 복용을 숨기시는 경우가 있는데 이런 경우는 아이를 위해서도 학교를 위해서도 알려주는 것이 중요하답니다.

만일 특수교육대상자로 선정이 된 경우에는 특수교사와의 사전상담 시간을 갖는 것이 중요해요. 학교 담임선생님의 경우에는 아직 배정되지 않지만, 특수교사 선생님은 전출하지 않는 이상 우리 아이를 담당하시게 되거든요. 물론 긴 시간이 허락되지는 않겠지만, 아이를 직접 관찰하실 기회가 생기고, 기초조사서의 내용을 조금 더 자세히 말씀드릴 수 있기 때문에 이 시간을 확보하는 것이 중요하죠.

네 번째, 아이의 초등학교 입학을 진심으로 격려해주세요

우리 부모님들이 많이 하는 실수 중의 하나가 아이를 초등학교에 보내는 불안감을 고스란히 전달하는 경우에요. 엄마의 불안한 마음은 충분히 이해하지만, 엄마의 불안함이 아이에게 들키게 되면 아이는 학교라는 곳을 불안감과 염려가 가득한 공간으로 받아들여 지레 겁을 먹게 돼요. 특히 아이의 태도를 걱정하는 마음에 "학교에서 이런 잘못을 하면 안 돼," "혼나, 이렇게 하지 말아야 해!"라고 부정적인 피드백을 하시다 보면 아이는 학교 적응에 어려움을 보일 수 있답니다. 마치 문제가 생길 것을 예상하는 듯한 태도는 우리 아이들에게 결코 도움이 되지 않는다는 점 꼭 기억하세요.

모든 아이에게 초등학교 입학은 그 자체만으로 격려받아야 하고 축복받아야 하는 일이랍니다. 우리 느린 아이들에게도 예외일 수는 없겠죠? 이만큼 성장해서 학교라는 새로운 사회에 첫 발걸음을 내딛는 순간이기 때문이에요. 특히나 우리 아이들은 부모님의 생각보다 새로운 학교에 대한 기대감과 설렘을 가지고 있답니다. 이러한 아이들의 속마음을 잘 헤아려 주는 부모 밑에서 초등학교생활을 준비한다면 누구보다 멋지게 초등학교 생활을 스타트할 수 있을 거예요.

💬 학교생활과 학습을 위해 어떤 것을 준비하면 좋을까요?

기본생활 습관을 만들어요. 학교에 다니게 되면 등교를 하는 것부터 하교하는 것까지 스스로 해내야 하는 일 투성입니다. 특별히 새로운 상황 속 적응하는 데 시간이 필요한 우리 느린 아이들에게는 이 준비작업이 필수로 필요하겠죠. 우리 아이들은 스스로 어떤 일을 해야 하는지 파악하기 어렵기 때문에 반복된 연습을 통해서 학교생활에 꼭 필요한 기본생활 습관을 몸에 익히는 것이 중요해요.

그럼 학교생활에서 필요한 기본생활 습관에는 무엇이 있을까요? 학교에서 아이가 생활하는 일과를 그려보면서 예상하면 조금 더 알기 쉽습니다.

학교 갈 준비는 전날에 마쳐요

아침 등교 시간이 전쟁터가 되지 않기 위해 어떻게 하면 좋을까요? 우리 아이들에게 있어서 예상하지 못한 변수는 그리 달가운 일이 아닙니다. 아침에 일어나 그날 컨디션에 따라 기분도 오락가락하고, 학교생활에 대한 긴장감 때문에 위축될 수밖에 없어요. 이런 상태에서 이것저것 준비를 하게 되면 아이는 더욱 짜증이 날 수밖에 없지요. 그래서 간단한 준비들은 전날에 모두 마쳐두고, 아침에는 최대한 간략하게 동선을 짜면 좋습니다. 예를 들어, 책가방을 전날 아이와 함께 챙겨보는 거예요. 교과서를 넣으면서 내일 배울 수업에 대해서 간단하게 이야기를 나누어볼 수도 있고요. 준비물은 어디에 들어가 있는지, 가정통신문 파일은 어디에 있는지 알려주면 덜 당황하겠죠? 여기에 아이가 예상할 수 있는 내일 일정을 미리 시각적으로 제시해주면 조금 더 편안하게 아침을 맞이할 수 있을 거예요.

또 아침에 기분 좋게 일어나려면 흔들어 깨우는 것보다 스스로 일어나는 게 좋죠. 잠들기 전 AI 시계나 핸드폰 시계에 아이 스스로 알람 시간을 맞출 수 있도록 해보세요. "시리야! 아침 8시에 알람 맞춰줘" 이런 식으로요. 알람 소리도 아이가 좋아하는 노래로 맞춰놓는다면 훨씬 더 좋은 반응이 있을 거예요.

스스로 옷을 입어요

느린 아이들에게 무엇보다 중요한 것은 자조 능력입니다. 스스로 할 수 있는 것들을 하나하나 늘려주어야 하죠. 그 중에서도 옷 입기는 천천히 하더라도 혼자 할 수 있도록 기다려주어야 하는 영역입니다. 능숙하게 입지 못하더라도 옆에서 하나하나 방법을 알려주며 기회를 제공해주세요. 특별히 바지를 입고 벗는 것은 우리 아이들이 학교에서 제일 많이 필요로 하는 부분입니다. 화장실을 갈 때마다 바지를 벗고 입어야 하기 때문에 학교 가기 전 능숙하게 준비를 할 수 있으면 좋지요.

필요한 공간을 적절하게 이동해요

학교에 가서 자신의 교실을 찾는 것은 기본적으로 익숙해져야 할 과제입니다. 또 교실 내에서도 자신의 자리가 있고, 사물함이 정해져 있는데 이 위치를 잘 찾아가야겠죠. 학교 내에서 자주 가는 장소인 화장실, 담임선생님이 계신 교무실, 체육수업을 하는 체육관, 보건실의 위치를 알고 혼자 다닐 수 있다면 학교생활 적응에 있어 큰 어려움은 없을 거예요. 이것을 위해서 학기 초 혹은 예비소집일에 부모님이 함께 아이와 학교를 둘러보면서 장소를 알려주는 것은 큰 도움이 된답니다.

화장실 활용법을 익혀요

초등학교에 가면 화장실은 정해진 시간에 가게 됩니다. 수업과 수업 사이 쉬는 시간에 가게 되지요. 우리 아이들의 경우에는 긴장한 탓에 화장실 사용이 너무 빈번하다거나 혹은 너무 참다가 실수하는 경우가 있습니다. 이런 경우 화장실 이용에 대해서 조금 더 유연하게 대해줄 필요가 있습니다. 쉬는 시간에 화장실을 가는 것이 기본이지만, 너무 가고 싶을 때 손을 들고 선생님께 말씀 드려도 된단다, 라고 편안하게 알려주면 실수를 미연에 방지할 수 있습니다. 또한 용변을 본 뒤에 혼자 처리할 수 있도록 미리 훈련해두어야 합니다. 대변을 본 후 휴지로 말끔히 닦고, 물을 끝까지 내린 후 손을 닦는 것까지 하나하나 구분해서 아이에게 훈련해 줄 필요가 있습니다. 이것은 단번에 습관이 생기지 않기 때문에 겨울방학을 이용해 준비하는 것이 좋겠습니다.

　학교는 사회생활의 시작점이기 때문에 공동체의 규칙을 익히는 것이 무엇보다 중요합니다. 느린 아이들은 대부분 자유로운 영혼으로 살아왔기 때문에 규칙과 규율에 있어 알레르기 반응을 보일 때가 많이 있습니다. 또 요즘은 가족 인원이 많지 않기 때문에 규칙과 질서를 배우기가 쉽지 않죠. 학교에서는 이러한 규칙에 대해서 엄격히 배우기 때문에 미리 준비할 필요가 있어요. 기본적으로 수업 시간과 쉬는 시간을 구분할 줄 알아야 하고, 수업이 끝날 때까지 자리에 앉아 집중할 수 있어야겠죠. 그런데 우리 아이들은 자리에 앉아 자세를 유지한다는 것이 참 쉽지 않습니다. 그렇기 때문에 책상 · 의자에 앉아 있는 시간을 조금씩 늘려주고, 익숙할 수 있도록 도와주어야 합니다. 가정에서 아이가 책상에 앉아 아이가 좋아하는 활동을 하도록 도와준다면 엉덩이 힘이 생길 거예요. 또, 학급 공동 물품들을 사용한 후 제자리에 가져다 놓는 것부터 다른 친구의 물건을 함부로 가져다 사용하지 않는 것까지 세세하게 알려줄 필요가 있답니다. 학급 내 규칙은 선생님을 비롯한 친구들과 함께한 약속이기 때문에 지켜야 하고 자신의 차례가 될 때까지 기다리는 법도 배워야 합니다.

　학교는 학습이 이루어지는 공간이죠. 그렇기 때문에 학습을 위한 학업 수행 기술이 필요합니다. 연필 바르게 쥐기부터 시작해서 교사나 친구가 발표할 때 주의 깊게 이야기를 경청하는 것, 알림장을 보고 따라 쓰는 것, 기본적인 수 세기, 한글 읽기, 수업 활동과 관련된 도구 안전하게 사용하기 등을 준비하고 온다면 학습에 적응하기가 쉽겠죠? 자신의 이름과 반 번호를 쓸 수 있는 정도라면 충분할 것입니다. 학습과 관련한 내용은 이후에 더 자세히 다루어보도록 할게요.

사회성, 의사소통 기술을 알려줘요

사회성은 기본적으로 다른 사람의 말과 생각에 귀 기울이고 그것에 대해 생각해보는 것에서 시작됩니다. 그런데 우리 아이들은 기본적으로 자신의 감정이 더 중요하죠. 누군가를 바라볼 수 있는 시야가 넓지 못합니다. 그렇기 때문에 우리는 학교 가기 전 만나게 될 선생님 그리고 친구와 함께 관계를 맺는 법에 대해서 알려줄 필요가 있습니다. 선생님을 만나면 반갑게 인사하고, 친구들을 만나면 신나게 인사하는 것부터 시작이겠죠. 또, 상황에 따라 고마운 마음, 미안한 마음, 좋아하는 마음을 적절하게 표현하는 표현법도 구체적으로 알려주면 좋습니다. 그리고, 무엇보다 자신의 감정을 스스로 알아차릴 수 있어야 상대의 감정을 알아차릴 수 있거든요. 학교 가기 전 감정에 이름표 붙이기, 감정 적절하게 표현하기 등을 연습해 보는 것도 좋습니다. 느린 학습자를 위한 출판사 피치 마켓에서 만든 사회상황 이야기 책을 활용하는 것도 한 가지 방법이 될 수 있겠네요.

<〈잘 준비했는지 체크해보아요〉

준비 물품

체크	목록	내용
	옷차림	• 학교생활에 편한 옷 (용변을 보기에 편한 옷) • 혼자 신고 벗기 편한 신발
	실내화	• 흰색 실내화 (화려함보다는 편한한 것으로)
	책가방	• 책상에 걸 수 있는 고리가 있는 책가방 • 너무 무겁고 크지 않은 책가방
	필통	• 연필, 지우개, 자가 충분히 들어갈 수 있는 크기 • 떨어져도 소리가 나지 않는 재질
	크레파스 색연필	• 12색 정도의 적당한 채색 도구 • 각 도구마다 이름표 부착
	연필	• 사용하기 편하고 익숙한 연필 • 연필 쥐기 쉬운 보조도구 부착
	지우개	• 너무 크지 않고 잘 지워지는 지우개
	공책	• 알림장, 받아쓰기 공책, 종합장, 일기장, 칸 공책 등
	개인컵	• 개인 물컵 혹은 물통 준비
	이름표	• 스티커 이름표 • 물건에 자신의 이름표 모두 부착
	학습도구	• 자, 모양자, 풀, 가위, 스케치북 등 학기 초에 학교에서 안내함

준비 기술

목록		내용
준비기술	기본규칙 기술	• 교실에서 착석하기
		• 수업 준비하기
		• 선생님의 지시에 따라 수행하기
		• 이탈하지 않기
		• 자신의 순서 기다리기
	기본생활 기술	• 정해진 시간에 등교하기
		• 자신의 물건 챙기기
		• 쉬는 시간에 화장실 이용하기
		• 스스로 이동하기
		• 독립적으로 도구를 사용해 급식먹기
	학업수행 기술	• 자기 이름 쓰기
		• 수업 시간에 집중하기
		• 숫자 1~10까지 읽고 쓰기
		• 제시된 과제 끝까지 수행하기
		• 시간표에 맞춰 교과서 준비하기
	대인관계 기술	• 자기 소개하기
		• 자신의 의견 표현하기
		• 친구의 이야기 주의 깊게 듣기
		• 선생님과 친구에게 인사하기
		• 도움 요청하기

경상남도교육청,
《특수교육대상학생 초등학교 입학적응지원 길라잡이》, 교육부, 2017

초등학교
교과 학습 대원칙

💬 **학습 능력보다 부모와의 관계가 더욱 중요해요**

"*가장 싫어하는 사람 엄마*"

학령기에 접어든 한 아이가 심리검사에 적은 내용 중 일부입니다. 아이는 왜 가장 싫어하는 사람을 엄마라고 적었을까요? 원인은 공부 지도였습니다. 느린 자녀의 입학을 앞두고 불안했던 엄마가 직접 아이 공부시키기에 뛰어든 것이 죠. 하나라도 더 가르치고 싶은 것이 부모 마음이잖아요. 붙잡고 억지로 시키다가 답답함에 소리도 지르게 되고, 회유도 했다가, 협박도 했다가 할 수 있는 방법을 동원하며 학습 능력을 끌어올리겠다는 일념으로 열심히 했는데 결국 맞이한 성적표는 아이와의 깨어진 관계뿐이었죠.

비단 이 아이의 사례만이 아닐 거예요. 많은 부모님이 아이의 학습에 섣불리 손을 댔다가 마음마저 뜨겁게 데어버리곤 하죠.

미국의 저명한 심리학자이자 현실치료를 처음 주장한 윌리엄 글라써(William Glasser)는 "좋은 관계에서 좋은 가르침이 시작된다"라고 이야기했어요. 단순히, 교육을 위해 좋은 관계를 맺으라는 이야기와는 달라요. 아이들에게 있어 가장 큰 영향력을 줄 수 있는 의미 있는 어른은 부모인데, 이 부모와의 관계는 새로운 것을 학습하는 것에 있어 기대를 심어줄 수도 있고, 공포와 불안을 줄 수도 있다는 거죠.

아이의 성장은 부모와의 좋은 관계를 바탕으로 이루어집니다. 그렇다면 우리는 어떻게 우리 아이와 좋은 관계를 맺을 수 있을까요? 아이와 함께 할 때 검사의 역할이 되기보다는 변호사의 역할이 되어주세요! 아이들은 존중받고 싶어 하고 이해받고 싶어 합니다. 부모는 치료사나 선생님이 아니기 때문에 옳고 그름의 강박에서 조금 더 자유로울 필요가 있어요. 판사 앞에서 피의자의 잘못을 조목조목 들추어내는 검사처럼 우리 아이의 실수와 실패 혹은 인간적인 미숙함을 하나하나 들추어낼 때 우리 아이들은 점점 멀어질 거예요. 반면에 판사 앞에서 피해자의 변호를 맡아 조목조목 반박해주는 변호사처럼 아이의 마음을 이해하고, 의도를 살피고, 결과의 미숙함보다 과정 속 도전을 더 칭찬하기 시작할 때 아이들은 새로운 시도를 할 용기를 얻게 될 거예요. 물론, 부모와의 관계도 돈독해질 수밖에 없겠죠.

💬 기초학습 능력을 준비해 학습의 무능감을 예방해요

그런데도, 기초학습 능력을 준비시켜줄 필요는 있습니다. 아이의 인지적 무능감을 예방하기 위해서죠. 학습할 때 지나치게 강압적으로 강요하거나, 아이의 지적 능력에 비해 부담스러운 목표치를 제시할 필요는 없으나 수용적인 방식으로 아이의 기초학습 능력을 준비시켜주세요. 한글 습득과 수 감각에 대한 훈련은 정규 수업을 따라가는 데 있어 단단한 기초가 되어주기 때문에 포기하지 않고 지속해서 교육해야 하는 영역입니다. 아이가 한글 공부를 너무 어려워한다면 그림 있는 책을 함께 읽어주거나, 아이가 자주 볼 수 있는 장소에 단어를 써 붙여 주는 것도 도움이 됩니다. 우리 아이들에게는 일반 학습의 양을 쫓아가기보다 자연스럽게 실용적인 관점으로 접근해주는 것이 유익합니다.

예를 들어, 가나다라마바사를 익히기 이전에라도, 학교에서 가장 많이 사용하는 단어인 자신의 이름을 반복적으로 훈련하는 것도 중요하고요. 또, 시간표에 등장하는 교과목의 명칭을 알아두는 것도 좋겠죠. 더 나아가 학교에서 만나는 관계에 대한 단어를 익힐 수 있다면 사회적인 의사소통에 어려움을 겪지는 않을 것입니다. 이때 우리 아이들의 집중력을 고려해 짧은 시간을 여러 번 진행하고, 같은 내용이더라도 다양한 활동과 경험으로 제공해준다면 학습에 대한 부담이나 거부감이 많이 사라질 거예요.

초등학교 시기의 가장 큰 과제는 학교생활의 전반적인 적응이라는 것을 잊지 않으셨으면 좋겠어요.

💬 학습 능력보다 학습심리에 집중해요

학습이 이루어지려면 학생의 심리적 안정과 충분한 동기가 필요합니다. 그렇기 때문에 학교 안에서의 학습 능력보다 더욱 중요한 것은 아이가 느끼는 학습심리죠. 많은 부모님이 아이의 학습 능력을 끌어올리는 데 집중하느라 학습 심리적인 측면을 간과할 때가 많이 있습니다. 이런 경우에는 아이가 청소년기가 되거나 성인이 되어서 기대만큼 충족되지 않는 현실 때문에 극단적인 선택을 하는 경우도 있지요. 특히 느린 학습자는 초등학교에서 경험한 학습에서의 좌절이 중고등학교 심지어 취업에까지 영향을 미치는 것을 보았습니다.

우리 아이들은 느리지만 학습이 가능한 친구들입니다. 여기서 우리는 '느리다'는 사실을 기억해야 하죠. 천천히 성장하는 아이에게 필요한 것은 적극적인 지지와 인내입니다. 아이의 모습 속에 비치는 모습이나 능력이 비록 답답하고 실망스러울 수 있지만, 부모로서 아이를 끊임없이 믿어주는 의사소통을 통해 지지해주었을 때 아이들은 성장을 보이게 될 것입니다.

아이들은 부모의 말과 표정에 영향을 받습니다. 학습에서도 마찬가지죠. 아이에게 긍정적이고, 밝은 분위기 속에 학습 문제에 접근하면 아이들은 자신의 문제를 해결할 힘을 얻게 될 것입니다. 동일한 학습을 하더라도 가정에서는 즐겁게 학습할 수 있도록 도와주는 것이 중요합니다.

💬 성취감으로 아이들은 자라나요

우리 아이들의 성장은 성공 경험으로 이루어집니다. 작은 성공경험이 모여 아이의 자기효능감을 만들고 이것은 비로소 무기력함에서 벗어나 새로운 도전을 시도할 수 있는 힘으로 발휘됩니다. 아이에게 주어지는 과제의 수준이 적절한지 먼저 체크해보세요. 칙센트미하이가 쓴《몰입의 즐거움》(해냄출판사, 2021)이라는 책에서 과제와 실력의 함수 관계를 정리했습니다. 과제 수준과 상관없이 자신의 실력이 높으면 긍정적인 자아상을 보이게 되지만, 실력이 낮은 경우에는 과제의 강도에 따라 불안하거나 걱정되거나 무관심에 대한 문제가 나타나게 된다는 것이죠. 우리 아이들이 어려움을 겪는 장면이 바로 이 영역인 것입니다.

아이들의 실력에 적절한 과제가 제시될 때 우리 아이들은 자신감을 가지게 되고 성장의 기쁨을 누리게 될 것입니다. 제시된 과제를 분석해 가장 쉬운 부분부터 반복해서 성취할 수 있도록 도와주세요.

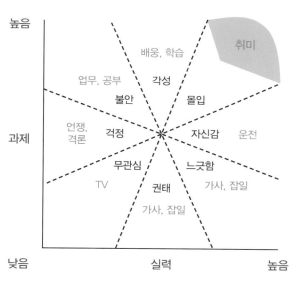

과제와 실력의 함수 관계

출처: 칙센트 미하이,
《몰입의 즐거움》, 해냄출판사, 2021개정판

러블린은 피아노를 너무 좋아했습니다. 따로 피아노를 배우지 않았지만 음이 나는 멜로디를 떠올리며 〈당신은 사랑받기 위해〉를 치기 시작했죠. 부모의 욕심에 피아노 영재인가 싶어 당장 피아노학원에 등록시키고 싶었지만, 러블린이 가진 특성상 악보를 이해하고 체르니를 시작하는 순간 흥미를 잃어버릴 것 같아 생각을 접었습니다. 발전하는 속도가 기대감만큼 오르지 않았지만 꾸준히 혼자 연습한 끝에 완곡하는 순간이 찾아왔습니다. 그 후에 아이는 "피아노 배우고 싶어요"라고 말하게 되었죠.

반복된 성취감이 채워질 때 아이들은 새로운 도전을 준비합니다. 부모의 앞선 판단으로 학원에 보낼 수도 있겠지만, 아이의 수준이 성장하도록 기다려 주었을 때 그 성취 경험이 새로운 도전으로 거듭납니다. 우리 느린 아이들에게도 성취를 위한 기다림은 매우 중요합니다. 작은 목표를 제시하고 성취했을 때 아낌없는 칭찬을 제공해주세요. 그리고 자신의 성공한 감정을 느낄 수 있도록 기다려주세요. 그러다 보면 어느새 아이들은 자라나 새로운 도전을 고백하게 될 것입니다.

💬 아이 스스로 생각하는 힘을 길러주어요

느린 학습자 친구들에게 꼭 필요한 것은 자립 능력입니다. 스스로 생각할 수 있고, 스스로 선택할 수 있어야 합니다. 부모님 눈에는 서툴러 보여 염려되어도 아이를 믿고 주도권을 내어주는 것이 필요하겠죠. 우리 아이들에게 학습은 호기심으로부터 시작됩니다. 마음껏 관찰하고, 도전해볼 때 학습 동기가 살아나게 되죠. 아이의 안전을 위협하는 정도가 아니라면 아이가 해보고 싶다는 것을 마음껏 할 수 있도록 지원해주세요.

처음에는 아이도 부모님도 이런 상황이 익숙하지 않을 거예요. 그러나 아이가 선택해야 할 것을 부모가 먼저 선택해버리면 아이는 이후에 도전할 힘을 잃어버릴 것입니다. 특히 느린 학습자 친구들은 결정권을 줬을 때 어찌할 바를 몰라 당황할 수 있습니다. 막연하고 다양한 생각이 들고, 상황 파악이 쉬이 되지 않기 때문이죠. 이럴 때는 부모님이 몇 가지 선택권을 부여해주는 것이 좋습니다. 아이들마다의 성향 차이는 분명히 있겠지만 스스로 선택할 기회가 주어졌을 때 아이는 스스로 생각할 힘이 길러지고 자주성과 주체성이 자라날 것입니다.

초등학교
교과 학습 가이드

💬 [초등 저학년] 기초학습 능력을 만들어 주세요

　기초학습 능력은 아이가 세상을 살아가면서 가장 기초적이고 기본적으로 활용할 수 있는 학습 능력을 의미합니다. 읽기와 쓰기, 독해와 기초적 셈하기 모두 학습에서뿐만 아니라 살면서 경험하는 다양한 지식과 정보를 받아들이는 매우 중요한 영역이죠. 시원한 물이 있어도, 이 물을 담을 컵이나 텀블러가 없으면 마시기가 쉽지 않듯이 기초학습 능력이 없으면 학습이 쉽지 않습니다. 그래서 학교에서는 아이들이 기초학습 능력을 갖출 수 있도록 다양한 노력을 기울입니다. 빠른 아이들은 초등학교에 입학하기 전, 대부분의 아이는 초등학교 저학년 기간 동안 기초학습 능력을 습득합니다. 그러나 느린 학습자는 대체로 기초학습 능력을 갖추는 데 어려움을 보입니다.

기초학습 능력이 부족하면 어떤 어려움을 겪을까요? 먼저, 교과수업을 따라가기가 어렵습니다. 기초학습 능력이 준비되었다고 해서 모든 수업을 흥미 있게 따라갈 수 있는 것은 아니지만, 기초학습 능력이 준비되지 못한 상태에서는 모든 수업이 재미없어집니다. 글을 읽는 것이 어려운 친구들은 책 읽는 시간이 고통스럽겠죠. 쓰기가 어려운 친구들은 매일 주어지는 쓰기 과제가 부담일 수밖에 없습니다. 셈하기가 어려운 친구들에게 수학 시간은 공포일 거예요. 우리 아이들이 수업 시간에 멍하니 창문을 바라보거나, 엎드려 잠을 자거나, 딴짓을 하는 이유는 수업을 따라가기가 버겁기 때문이죠.

다음으로, 생활에서 실제적인 어려움에 부딪힙니다. 우리가 접하는 대부분의 정보는 글로 이루어져 있습니다. 학교에서 제공되는 가정통신문, 알림장, 시간표 등등 모두 글로 된 정보예요. 느린 학습자는 이 정보를 제대로 처리하기가 쉽지 않죠.

마지막으로, 심리적인 어려움을 겪습니다. 또래 아이들과의 학습격차는 자신에 대한 믿음을 깎아 먹습니다. 동일한 선생님에게 똑같은 수업을 받는데 나만 이해하지 못하고, 따라가지 못하는 경험은 스스로를 위축되게 만듭니다. 자연스럽게 학습을 멀리하고, 회피하게 될 수밖에 없죠. 나아가 정서적인 어려움은 결국 새로운 도전과 새로운 성장을 막는 큰 걸림돌이 됩니다.

살펴본 어려움들은 기초학습 능력을 포기하지 말아야 할 이유가 됩니다. 우리 아이들의 기초학습 능력은 향상될 수 있습니다. 천천히 가더라도 단단히 붙잡고 꾸준히 반복 하다 보면 어느새 자신만의 방법으로 기초학습 능력을 갖추게 되며, 성장으로 이어집니다. 초등 저학년에서는 이 기초학습 능력을 갖추기를 목표로 삼아주세요.

💬 [초등 저학년] 우리 아이 기초학습 능력 위치를 확인해요.

의사가 환자의 아픈 곳을 진찰하고 그에 적합한 처방을 내리듯이 우리 아이들의 기초학습 능력을 돕기 위해서는 정확한 진단이 필요합니다. 모든 학습이 그러할 테지만 기초학습 능력은 아이들마다 어려움을 느끼는 영역에 차이가 커요. 같은 읽기 영역에서도 글자는 잘 읽지만 내용 파악이 어려운 아이가 있고, 어휘력 활용이 어려운 아이가 있죠. 또, 기초적인 수 세기와 덧셈 영역은 어렵지 않게 해내지만 뺄셈 영역으로 들어가면 힘겨워하는 친구들도 있어요. 각자마다 비교적 잘하는 영역과 힘들어하는 영역이 달라서 지금 아이들이 보이는 위치를 확인해야 할 필요가 있습니다.

느린 학습자에게 정확한 진단이 필요한 이유는 제대로 된 진단 속에서 명확한 전략이 나오기 때문입니다. 건물을 지을 때 보이지 않는 기초공사가 중요한 것처럼, 기초학습 능력을 제대로 다지기 위해서는 진단이라는 기초공사를 잘 완수해야 하죠. 그럼 어떻게 기초학습 능력 위치를 확인할 수 있을까요?

바로 학습평가 도구의 활용입니다. 표준화된 학습평가 도구는 기초학습 능력을 객관적으로 평가하도록 도와줍니다. 먼저, 읽기, 쓰기, 기초적인 셈하기를 세부 영역으로 구분해두었고, 각 세부 영역은 아이들이 배울 교육 과정 안에서 필요한 기초적인 내용으로 구성해두었습니다. 또한 또래 아이들의 평균적인 수준도 제시해 지금 우리 아이의 위치를 알 수 있도록 해줍니다.

기존에는 표준화된 학습평가 도구를 직접 구매해 실시하거나, 학습클리닉센터, 발달센터 안에서 진행하는 경우가 많았어요. 그러나 최근에는 기초학습능력 향상 노력의 일환으로 온라인 평가가 개발되어서 이를 활용하는 방법도 생겨났답니다.

〈국립특수교육원〉 www.nise.go.kr

국립특수교육원에서는 특수교육 대상 아동과 학습 부진 학생들의 선별을 위해 개인용 기초학력 검사인 기초학습 능력검사(NISE-B.ACT)를 개발했습니다. 이 검사는 학교의 교과를 수행하는 데 필요한 능력을 파악하고자 만들어진 표준화된 검사로서, 학습할 때 가장 필요로 하는 기초 능력이자 사회의 구성원으로 살아가는 데 가장 기본이 되는 읽기와 쓰기, 그리고 수학이라는 세 부분을 기초학습 능력으로 삼았습니다.

<기초학력 진단-보정시스템>

　기초학력 진단 보정시스템은 17개 교육청에 구축된 학습 부진 학생을 위한 사이트입니다. 기초학력을 주기적·단계적으로 진단하고 필요한 부분들을 지원하도록 개발되었습니다. 기초학력을 진단하고, 3번의 기초학력 향상을 진단하게 되어 있죠. 국가 수준의 기초학력 시스템이기 때문에, 통일된 기준 그리고 절대 기준을 제공해주고 적합한 검사 도구와 개인별 학습지도 자료를 제공해준다는 장점이 있습니다. 그뿐만 아니라 학습 저해 요인 검사 도구와 학습 습관 검사 도구를 제공합니다.

<기초학력 향상사이트. 꾸꾸> www.basics.re.kr

　기초학력 향상 사이트인 꾸꾸(ku-cu)는 학습에 어려움이 있는 학생을 체계적으로 지도하고 지원하기 위한 다양한 진단 도구를 제공합니다. 학습에 어려움이 있는 학생을 선별 진단하는 자료도 있는데요, 특히 학습 준비도 검사가 유용합니다. 학습 준비도 검사는 아이가 학습 및 학교생활에 심리적인 불편을 느끼거나 부적응 문제를 가지고 있을 때 심리검사를 활용해 문제를 진단할 수 있도록 돕습니다. 초등학교 학년별로 학습역량 검사, 학습 저해 요인 진단 검사, 정서 행동환경 검사, 학습 동기 검사, 학교생활 적응도 검사 등 다양한 검사를 제공하기 때문에 기초학습이 부진한 원인을 더욱 전문적으로 진단받을 수 있습니다.

앞서 안내해드린 국립특수교육원의 기초학습 능력검사 그리고 기초학력 진단-보정시스템은 개인적으로 활용하기보다는 전문가의 도움을 받아 검사를 진행하게 됩니다. 반면에 배이스캠프는 비상업적 교육용 무료 사이트이기 때문에 부모님이나 학생이 직접 활용할 수 있다는 장점이 있지요. 배우고 이루는 스스로 캠프라는 명칭을 가진 배이스캠프는 기초학력 진단을 스스로 할 수 있도록 구성되어 있어요. 학년과 관계없이 읽기와 수학 진단이 가능하고, 초등학교 1학년부터 고등학교 1학년까지 학습 영역에 따라 스스로 진단할 수 있는 내용을 제공합니다. 그뿐만 아니라 과목별로 또 배우는 단원별로 기초학습 수준의 내용을 풀어봄으로써 현재 자신의 수준을 가늠해볼 수 있습니다. 수업에 맞춰진 문제부터, 동영상 강의까지 모두 탑재되어 있기 때문에 가정에서 아이에게 학습지도를 원하는 부모님들이 활용하기 편리한 사이트입니다.

'매튜 효과'는 시간이 갈수록 가난한 사람은 더욱 가난한 사람이 되고, 부자는 더욱 부자가 된다는 '빈익빈 부익부'를 뜻하는 사회적 용어입니다. 학습에서도 이 매튜 효과가 나타납니다. 초등학교 시절 제대로 학습하지 못한 읽기, 쓰기의 격차는 장기적으로 따라가기 어려운 학습격차를 만들어내죠. 누적된 학습 결손과 실패의 경험도 학습에 부정적인 영향을 미칩니다. 그렇기 때문에 초등학교 교육 과정 중 큰 관심을 가지고 준비해야 할 영역이 바로 국어 영역입니다. 국어는 초등학교 교육 과정 중 가장 많은 시간이 배정되어있어요. 교과서도 1~4학년까지는 학기별로 3권, 그리고 5~6학년까지는 학기별로 2권으로 구성되어 있습니다. 내용을 살펴보면 읽기/쓰기/말하기 듣기/문법/문학, 이렇게 5가지 큰 영역으로 나뉩니다.

그렇다면 우리 아이들의 국어 교육은 어떻게 지도해야 할까요? 국어 교육의 기본적인 핵심은 읽기와 쓰기에 있습니다. 읽는 재미를 느낀 아이는 다양한 어휘와 배경지식을 습득하고, 이것은 자연스럽게 학습의 열매로 맺히기 때문이죠. 그뿐만 아니라 쓰는 기쁨을 느끼는 학생은 자기 생각을 정리할 수 있고 표현할 수 있는 능력 또한 길러진답니다. 그러나 우리 경계선 지능 아이들은 읽는 재미와 쓰는 기쁨을 느끼기 위해 많은 언덕을 넘어야 합니다.

경계선 지능 아이들에게 읽는 즐거움을 주려면 발달과정과 인지능력을 고려한 경험 중심 학습으로 접근하는 것이 중요합니다. 경계선 지능 아이들의 읽기는 음운인식, 파닉스, 유창성, 어휘, 읽기 이해의 핵심 영역 순으로 구조화하여 단계에 맞게 지도하는 것이 중요합니다. 또한 단순히 텍스트를 읽는 것에서 멈추지 않고, 다양한 활동을 통해서 감각적으로 즐거움을 느끼게 해 줌으로써 의미 있는 학습이 이루어지도록 해야 합니다.

예를 들어, 벤다이어그램을 활용해 읽고 있는 내용을 정리할 수 있도록 도와준다든지, 북아트를 통해 내가 읽고 있는 책을 시각적인 자료를 활용해 직접 만들어 보는 경험을 할 수 있도록 돕는 방법 등이 있겠죠. 요즘은 그래픽 조직자를 활용한 교육을 통해 아이들이 직관적으로 내용을 정리해낼 수 있도록 돕는 방법도 활용합니다.

읽어야 하는 분량도 조정할 필요가 있습니다. 한 번에 많은 양을 제시하는 것이 아니라 단어에서 시작해 짧은 문장으로 연결하고 충분한 읽기가 되었을 때 점차 분량을 늘려주는 방식을 사용해야 해요. 덧붙여 읽기 유창성은 다양한 글을 소리 내 읽을 때 향상이 되기 때문에 눈으로 읽는 묵독보다는 소리 내 읽는 음독이 더욱더 효과적입니다.

쓰기는 타인과 관계를 형성하는 도구로 자기 생각이나 감정을 표현할 수 있는 매우 중요한 학습 영역입니다. 쓰기 활동을 통해 학습한 내용을 기억하고 전달하고 글을 완성하죠. 이 작업으로 아이들의 학습 능력을 향상 시킬 수 있어요. 그뿐만 아니라 자신의 감정을 이야기할 수 있는 통로가 되어 정서적으로도 도움을 받을 수 있답니다. 경계선 지능 아이들에게 처음부터 자기 생각을 적으라고 하면 수행하기 힘들어합니다. 그렇기 때문에 학생의 수준에 맞게 빈칸 채우기나 이야기 만들기 활동을 제공해 주는 것이 중요해요. 또한 쓰기의 주제를 막연한 상상이 필요한 내용을 다루기보다 학생이 관심있는 이슈나, 경험한 내용들을 중심으로 활용해보면 좋아요.

또 다른 한 가지는 아이에게 친근한 매체나 관계를 이용해 글쓰기를 할 수 있도록 기회를 제공하는 것이 효과적입니다. 생각보다 글쓰기는 우리에게 일상의 영역이잖아요. 친구에게 문자 메시지를 남긴다든지, 혹은 마음을 담은 편지를 쓴다든지, 가족 구성원이 모인 단톡방을 열어 문자를 한다든지 하는 모든 활동 속에서 아이들은 쓰기의 유용함과 쓰는 즐거움을 배울 수 있습니다.

수학은 우리 느린 학습자 친구들뿐만 아니라 학습을 지도하는 사람에게도 좌절을 안기는 과목입니다. 아무리 잘 가르치려 노력해도 그때뿐이고, 약간의 시간이 흐르면 언제 그랬냐는 듯 백지가 되는 모습에 한숨이 절로 나오죠. 아무리 연습을 많이 시켜도 도무지 계산의 속도와 정확도는 향상되지 않아 답답하지 않으셨나요? "돌에 하나하나 새기는 것 같아요."라는 생각은요?

수학은 기본적으로 위계가 있는 교육 과정입니다. 그 때문에 기초가 제대로 잡히지 못하면 다음 단계로 나가기가 어렵습니다. 시간이 지날수록 공백은 더욱 커지고, 결국 수포자(수학을 포기하는 아이)가 되는 경우가 많죠. 그렇기 때문에 무엇보다 기초 수학 개념을 탄탄히 다져가야 하고, 수학에 대한 학습 감정을 조금 더 편안하게 만들어줄 필요가 있어요.

사실 또래 아이들은 별다른 노력 없이도 자연스럽게 기초 수학의 개념을 익힙니다. 하지만 우리 경계선 지능 아이들은 그렇지 않죠. 경계선 지능 아이들이 익혀야 하는 기초 수학능력은 수 감각과 기초 연산입니다. 하나하나 살펴볼게요.

수 개념부터 잡아볼까요?

먼저, 수 감각 향상을 통해 수 개념을 단단하게 잡아주어야 합니다. 수 감각이란 수의 의미를 이해하고 수 사이의 다양한 관계를 이해하는 능력을 의미해요. 숫자를 보고 읽을 수 있고, 또 이것을 수량으로 계산할 수 있으며 하나의 수를 보고 이것이 다양한 수와 관계를 맺고 있음을 아는 것이죠.

예를 들어, 8과 4를 보고 어떤 수가 큰지 작은지 비교할 수 있고, 피자 조각이 여기저기 흩어져 있을 때 세지 않고 직관적으로 대략 몇 개쯤 있겠다, 라고 판단할 수 있어야 합니다. 또 수 사이의 관계는 칠판에 있는 숫자 4를 보고, 피자 4조각을 연결할 수 있어야 하고요. 칠판에 적힌 숫자 4는 내가 먹은 피자 한 조각에 친구들이 먹은 3조각, 해서 1＋3임을 알아차리는 것입니다.

당연히 수 감각을 지닌 친구들은 보다 더 빠르고 정확하게 문제를 해결할 수 있겠죠? 그래서 우리 아이들에게는 이 문제를 직관적으로 풀어낼 수 있도록 수 감각을 높여주고 수 개념에 대한 부분을 단단히 붙잡아 줄 필요가 있습니다.

기초 연산을 훈련해요

다음으로 기초 연산을 훈련해주어야 합니다. 이 기초 연산은 말 그대로 자동화된 연산이라고 생각하면 돼요. 외국 문헌에서는 베이식 팩트(basic fact)라고 소개가 되는데, 예를 들면, 4 더하기 2가 6인 것을 순간적으로 딱 파악하는 능력이죠. 아주 쉬우면서도 기초적인 연산 능력이 얼마나 갖춰졌는가에 따라 문제를 푸는 속도가 달라집니다. 경계선 지능 아이들은 이러한 기초 연산에서 인출이 늦거나 정확도가 낮은 특성을 보입니다. 그 때문에 어려서부터 반복적으로 지도할 필요가 있는 것이죠.

마지막으로, 수학에 대한 감정을 긍정적으로 만들어주는 것이 필요합니다. 수 감각과 기초 연산은 기본적으로 아이들이 갖추고 있는 영역이라고 생각해 소홀히 다루는 경우가 있는데, 이 부분을 잘 다루지 못하면 자칫 감정이 다치게 됩니다. 수학을 생각할 때마다 나를 괴롭히는 과목, 나를 힘들게 하는 과목으로 인식되고 새로운 것을 배우고자 하는 의지를 꺾어버린다는 것이죠. 그런 면에서 수학의 기초 개념은 구체적으로 재미있게 다룰 필요가 있습니다. 딱딱한 의자에 앉아 눈에 불을 켜고 감시당하는 듯한 상황에서 열심히 숫자 학습지를 하는 아이와, 부모님과 함께 음식의 개수를 세면서 수 개념을 익히고, 보드게임을 통해 즐기면서 기초 연산을 자연스럽게 익히는 아이는 수행 능력에서의 분명한 차이를 보이겠죠. 지루한 반복적인 문제 풀이로 접근하기보다 재미있는 경험과 놀이로 접근하는 편이 훨씬 더 유익합니다.

💬 음성-철자 관계를 이해할 수 있어야 해요

초등학교 3학년이 되면 우리 아이들은 영어라는 교과를 만납니다. 영어는 모국어가 아닌 외국어로 진행되는 학습이에요. 3~4학년 시기에는 주 2회, 5~6학년은 주 3회의 수업을 듣지요. 현재 적용되고 있는 교육 과정 속에서는 음성언어에 맞춰 교육을 지도하기 때문에 영어 단어를 쓰고, 문법을 배우는 부담은 없습니다. 그러나 대부분의 친구는 이미 조기교육으로 파닉스를 마무리하고, 다양한 단어를 익히고 시작하죠. 이 친구들과의 경쟁은 학습격차를 더욱 커지게 만드는 이유가 됩니다.

또한 영어라는 교과의 특성상 파닉스 혹은 기초단어에 대한 지식이 없는 경우 이후 학습을 전혀 진행할 수 없습니다. 언어는 문자와 소리 관계 그리고 원리를 이해하는 것으로 배우는데, 느린 학습자 친구들은 문자와 소릿값을 연결하기가 쉽지 않고, 당연히 영어로 된 문자를 소리 내어 읽을 수 없거나 의미를 파악하지 못하기 때문에 어려움은 더욱 커지죠.

그뿐만이 아닙니다. 이러한 어려움이 반복되고 해결할 수 없는 과제가 지속해서 제시될 때 아이들은 영어 과목 자체를 싫어하거나 두려워하게 되고 결국 포기하게 됩니다.

이러한 문제를 극복하기 위해서는 느린 학습자 친구들에게 영어를 가르칠 때 소리와 철자의 관계 즉 파닉스를 학습할 충분한 기회가 제공되어야 하고, 생활에서 활용할 수 있는 의사소통 중심의 학습을 통해서 흥미를 잃어버리지 않도록 도와주는 것이 필요합니다.

자연스러운 노출로 영어에 익숙해질 수 있도록 도와주세요

초등학교 3-4학년군의 영어 교육 목표는 영어에 대한 흥미가 생기고 친숙해

지는 것입니다. 디지털 교과서와 멀티미디어 기기를 활용해 듣고 모방하는 수준의 내용들로 이루어져 있지요. 그렇기 때문에 우리 느린 학습자 친구들에게 있어 영어의 문턱이 그리 높지는 않은 수준이고, 아직 기회가 있습니다.

　모국어야 별다른 노력을 들이지 않아도 자연스럽게 노출될 수밖에 없고, 사용할 수밖에 없지만 영어는 다릅니다. 의도적으로 영어를 노출해 주어야 합니다. 초등학교 과정에는 5개의 영어 교과서가 있는데, 아이의 학교에서 배우고 있는 교과서를 중심으로 먼저 내용을 준비할 수 있다면 도움이 될 것입니다.

　예를 들어 아이가 배우는 영어 교과서를 찾아 그 안에 등장하는 멀티미디어 자료를 틀어놓고 익숙하게 들릴 수 있도록 도와주는 것입니다.

목표는 파닉스 기초 다지기입니다

　파닉스는 영어의 기초가 되는 영역입니다. 알파벳과 음성을 함께 연결하여 이해하면 의미를 명확하게 알지 못해도 패턴에 익숙해지게 됩니다. 실제 소리를 듣고 철자와 연결해 볼 수 있는 훈련이 반복적으로 제공되면 느린 학습자 친구들도 충분히 영어를 배울 수 있습니다. 우리 아이가 한글을 배우는 시기에 전혀 몰랐던 단어를 읽고, 쓰게 되었을 때의 놀라움을 기억하시죠? 기본적인 알파벳의 음가를 익히는 것만으로도 성취감을 갖고, 이것이 연결되어 단어를 배우면 단순한 암기를 통한 학습보다 훨씬 더 흥미를 보일 수 있게 됩니다.

영어 역시 실용적이어야 합니다. 우리 느린 학습자 친구들의 학습은 학교 진도를 따라가는 것에 목적을 두면 안 됩니다. 이것을 활용할 수 있는 자립의 영역에서 늘 바라보아야 하죠. 아이는 초등학교에 다니고 있지만 우리는 이 영어 학습이 실생활에서 어떻게 적용할 수 있을까를 고민해보아야 합니다. 우리나라도 영어 생활권에 많은 영향을 받고 있기 때문에 영어로 된 간판을 많이 마주하게 됩니다. 맥도날드, 올리브영, 이마트 편의점 등 이러한 간판들의 알파벳을 조합해 스스로 읽어볼 수 있거나, 영어로 된 소리를 듣고 스펠링을 써 내려가 볼 수 있다면 아이는 그것으로 성장하게 될 것입니다.

영어 물론 쉽지 않지만, 포기하지만 않는다면 충분히 할 수 있습니다.

초등학생 부모들의
현실 고민 솔루션

#입학

Q. 발달이 느린 우리 아이 입학 연기, 입학 유예 신청해야 할까요?

A. 느린 아이를 키우는 부모의 숙명적인 결정 중 하나가 입학 연기와 관련된 고민이겠죠? 또래한테 치이지는 않을까? 학교생활 잘 적응할 수 있을까?, 하는 고민으로 초등학교에 입학할 연령쯤이 되면 생각이 많아지죠. 저 역시도 그랬습니다. 주변에 있는 특수교사 선생님들과 초등교사 선생님들 관련 학회 교수님들, 치료사 선생님들 등등 정말 물어볼 기회만 있으면 늘 물어보고 알아볼 수 있는 방법을 찾아 노력했죠. 아이의 인생이 이것으로 결론지어지는 것도 아닌데, 제게는 이것이 아주 큰 미션처럼 느껴졌습니다.

우리 아이들의 모양과 특별함이 각기 다르듯이 결정도 다를 수밖에 없다고 봅니다. 딱 떨어지는 정답은 없기 때문에 제 나이에 입학을 신청해야 하는 이유와 입학연기를 하게 된 이유를 모두 설명드릴게요.

제 나이에 학교를 입학해야 하는 이유

제가 물어보고 의견을 요청한 분들 조언의 대략 60% 정도는 "제 나이에 입학하는 것이 좋다"라고 해주셨어요. 그 이유는 크게 심리적 부분, 발달적 부분, 환경적 부분 3가지였습니다.

먼저, 심리적 부분입니다. 아이가 7살 정도 되면 자신의 나이를 인지하죠. 같은 유치원에 있던 친구들은 학교에 가는데 자신은 아직 유치원에 있는 혼란이 있고, 동생이라고 생각했던 아이들이 친구들이 되면서 겪는 어려움이 생겨요. 난 왜 친구들하고 달라? 라는 심리적인 혼란이 가장 큰 걸림돌이라는 겁니다.

다음으로 발달적 부분입니다. 느린 아이의 발달은 한 번에 드라마틱하게 바뀌지 않습니다. 1년을 유예했다고 하더라도 부모님들이 기대하는 만큼 발달을 이루어내지 못할 가능성이 높은 거죠. 쉽게 이야기해 올해 뿐 아니라 내년에도 똑같다! 라는 거예요.

마지막으로 환경적 부분입니다. 아이의 1년 유예를 깊게 고민해서 하더라도 마땅히 도와줄 기관이 없다는 겁니다. 1년을 체계적으로 준비하지 않으면 오히려 허송세월하는 경우가 많아요.

물론 그 외에도, 아이들 다 똑같다. 처음에는 어리바리하고 적응하기 어렵다. 처음이 어렵지 시간이 지나면 생활연령에 맞게 잘 적응하더라 등등의 이유도 있었어요.

그렇기 때문에 아이가 또래와 같이 입학 하기 원한다거나, 학교생활을 통해 발달과 성장을 기대하는 경우, 환경적인 지원이 확실히 보장되지 않은 경우에는 제 나이에 학교를 입학하는 것이 좋습니다.

입학 연기를 하게 된 이유

이러한 조언에도 불구하고 러블린이는 초등학교 입학을 1년 늦췄어요. 그 이유는 무엇일까요?

먼저, 중재 효과였습니다. 6세 때 경계선 지능 진단을 받으며 조기 중재했는데 눈에 띄게 잘 따라와 주었습니다. 물론 또래들과는 아직도 갭 차이가 있지만, 감통, 놀이, 언어 치료의 효과를 보는 중이었죠. 그래서 1년이라는 시간 동안 학교에 적응하는 에너지를 지금 하는 중재에 지속해서 투입했을 때 효과가 있겠다고 기대했습니다.

다음으로, 심리적인 부분이었습니다. 저희는 아이에게 7살이 한 번 더 되는 이유를 솔직하게 말했어요. 더 준비가 필요하고 할 수 있는 게 많아지고, 알아듣지는 못해도 오빠들하고 이야기하면서 나중에 재수도 하고 삼수도 하고 한다. 많이들 경험하지 못하는 특별한 일이야, 라고 하면서 정신을 쏙 빼놓는 말들로 특별하게 해주려고 노력했는데, 다행히 잘 받아들여 주었어요. 물론 커서 자신이 느낄 혼란까지는 아직 예상이 안 되지만 가족 전체가 긍정적인 분위기를 느끼게 해주려고 했습니다.

　그 다음으로, 환경적인 부분이었습니다. 러블린이는 좋은 어린이집에 다니고 있었어요. 원장 선생님이 러블린이의 경계선 지능을 잘 짚어 주셨고, 저도 어린이집을 신뢰하고 있었죠. 조금 더 영글어서 학교에 보내는 게 좋겠다는 의견이 저희 부모와 잘 맞았습니다. 또, 다니는 교회에서도 7세 반을 한 번 더 다니고 7세 친구들과 어울리도록 환경을 구성해주었는데 오히려 한번 익숙했던 환경 속에서 있다 보니 주도권을 가지고 또래 관계를 맺더라고요.

　마지막이자 결정적인 영향을 미친 이유는요, 러블린에게 더 중요한 건 학습능력이 아니라 학습심리라고 느낀 것이었습니다. 모두 똑같이 학교생활을 시작하지만 성공 경험이 많았고, 칭찬을 많이 받은 아이 혹은 한글을 알거나 줄넘기를 잘하는 아이는 학교 적응에서 자신감이 있습니다. 이것은 자존감으로 이어지고 친구 관계에서도 선생님과의 관계에서도 긍정적인 영향을 미치죠. 저는 러블린이에게 이 성공 경험에 따른 좋은 심리를 전해주고 싶었어요. 그래서 1년 동안 혼자 할 수 있는 부분들을 중점적으로 늘려주고자 계획을 세우고 있답니다.

　특수교사로서 수많은 아이를 만났는데, 아이들의 예후가 좋은 경우는 긍정적인 피드백을 많이 받고, 스스로 할 수 있는 것이 많은 아이들이었습니다. 수학 점수가 높든 국어점수가 높든 부정적인 피드백이 익숙하거나, 소극적인 상태라면 학교생활이 어려웠습니다. 그래서 될 수 있으면, 신발 벗고 사물함에 넣는 것 하나부터 화장실 뒤처리하는 것, 학교 끝나고 돌아오는 길에 편의점에서 간식을 사 오는 것 하나라도 성공할 수 있도록 가르치고 있습니다.

글을 쓰면서도 여러 마음으로 글을 읽을 부모님들이 생각나서 조심스러웠습니다. 제때 학교에 보내는 선택도 장점이 참 많다고 생각합니다. 다만 제 선택은 저와 러블린이 처한 현실 속에서 최선의 길이라고 생각했어요. 그렇기 때문에 저도 제가 한 선택이 우리 러블린이에게 가장 좋은 선택이 되기를 바라는 마음으로 몸부림치고 있답니다. 혹시, 1년간 연기를 선택하신 부모님이 계신다면 함께 힘내서 1년 뒤 오늘보다 성장한 모습으로 학교생활 잘 적응하는 아이를 꿈꾸며 오늘을 살아보아요. 아시죠? 지금 1년이 어느 때보다 중요한 거요!

Q. 일반학급, 특수학급, 특수학교 중 어디로 보내야 할까요?

A. 우리 아이가 특수교육대상자로 선정이 되었다면 학급유형을 선택해야 합니다. 이 학급유형은 맞고, 틀리고의 문제가 아닙니다. 아이가 가진 학습적 정서적 특성과 개인적 상황에 따라 지원의 방향이 달라지게 되죠. 그렇기 때문에 유형별 특성을 살펴보시고 가장 적합한 학급 유형을 선택하는 편이 좋겠습니다.

특수학교는 특수교육대상학생들만을 위해 구성된 학교입니다. 일반교육 과정이 아닌 특수학교 교육 과정으로 편성 운영되고, 특수교육을 전공한 특수교사가 아이들을 가르칩니다. 일반학교에서 사용하는 교과서와는 다른 교과서를 사용하고 교과별 구성도 차이가 있죠. 덕분에 아이들 개별적으로 개별화교육이 가능하다는 장점이 있습니다. 그리고 대부분 유-초-중-고-전공과가 함께 구성되어 있습니다. 덕분에 안정적인 진학이 가능하죠. 또한 진로 직업 교육이 전문적으로 이루어져 있고, 경계선 지능 친구들은 학교 대표로 다양한 대회 참가 및 실습 경험의 기회가 주어진다는 장점이 있습니다. 실제로 아이들마다 스페셜 올림픽 대회, 기능경진대회, 패럴림픽, e스포츠 대회 등에 참여하여 좋은 성적을 거두는 경우도 많이 있었습니다.

그러나 특수학교는 대게 외진 곳에 위치해있어 통학 거리가 멀고, 아이들 중에는 특수학교 통학버스를 타는 것을 꺼리는 친구들이 있다는 걸 고려해야 합니다. 또한 학교가 많지 않아 정원(TO)이 넉넉하지 않고, 중증 학생 중심으로 먼저 배치되기 때문에 어려운 경우도 있습니다. 통합교육 측면에서의 아쉬움도 있지요.

일반학교 특수학급은 일반학교 교육 과정에 근거해 교육 과정이 운영됩니다.

쉽게 이야기해 일반 학교 학사일정을 그대로 따라간다는 것이죠. 이 경우에는 일반학교 안에 특수교사가 배치되어 아이에게 적합한 개별화 수업을 진행하고, 특수교사가 특수교육 관련 서비스를 지원해줍니다. 또한 일반학급 안에서 통합수업도 병행해 이루어집니다. 특수학급의 장점은 통합교육이 자연스럽게 이루어진다는 것이고, 일반학교 안에서 특수교사가 아이를 케어하고 일반교사와의 중재를 통해 아이의 학교생활을 도움 받을 수 있기 때문에 보다 안전한 학교생활을 할 수 있다는 점입니다. 그뿐만 아니라 아이가 일반학급에서 수업을 듣다보면 또래 아이들의 속도에 따라가지 못해 좌절감을 경험하는 경우가 많은데 이러한 부분들을 고려해 개별적 지원을 해줄 수 있다는 점도 장점입니다.

특수학급에서는 교과 수업뿐 아니라 현장체험학습, 성교육, 제과제빵, 직업교육, 다양한 체험활동 등을 통해 학교생활을 더욱 풍성하게 즐길 수 있도록 돕는 부분들도 많이 구성되어 있습니다. 그래서 일반학급 친구들 중에 이러한 프로그램을 부러워하는 친구들도 있습니다.

반면에 단점은, 아무래도 특수학급에 있다 보면 일반학급에서 벗어나 특수학급에서 수업받을 때에 일반학급 내에서 소속감이 작아질 수 있는 부분, 특수교육대상자로서 자신이 선정되어 있다는 것이 공개된다는 점에서 어려움을 느낄 수 있습니다.

이런 경우에는 특수교육 대상 학생으로 선정되어 있지만 모든 수업은 일반 학급에 소속되어 듣게 되어 있고요. 특수교사를 통해 특수교육지원 서비스만 받게 됩니다. 이것은 완전 통합유형이라고 부릅니다. 일반적으로 모든 교육 과정과 학교생활을 일반학급 담임교사 중심으로 이루어지고, 특수교사는 지원하는 역할을 수행하게 됩니다. 이러한 경우 소속감을 일반학급에서 느끼고, 특별한 경우가 아니면 특수교육대상자임을 밝히지 않아도 되기 때문에 안심할 수 있습니다.

다만, 학교에서 특수교육 대상자로 선정되지 않았을 때의 단점도 고려해야 합니다. 느린 학습자는, 수업에 집중하기 어려운데 그 시간과 스케줄을 똑같이 따라가면서 격차를 경험해야 한다는 것이 스트레스로 다가올 수 있고, 특수학급에서 특수교육대상자만을 위한 다양한 활동들과 맞춤형 수업에 참여하는 것이 어렵다는 면에서는 단점이 될 수도 있습니다.

학교유형	장점	단점
특수학교	특수학교 교육 과정으로 운영 특수교사로 구성된 환경 학업 스트레스가 없음 유.초.중.고.전공과 등 안정적인 진학 다양한 진로 직업 시스템 마련	통학의 어려움 일반학생들과 분리된 교육 중증 장애 중심 교육 과정 TO가 넉넉하지 않음

특수학급	특수교사의 개별화된 교육지원 자연스러운 통합교육이 가능 교과 수업 외 다양한 교육 과정 운영 일반학교 교육 과정으로 운영	일반학급에서 벗어나 특수학급으로 가는 부담감 (소속감의 문제) 특수교육대상자 공개의 어려움
일반학급 (완전통합)	완전한 통합교육이 이루어짐 일반학급 안에서 소속감을 느낌 특수교육대상자 선정 비공개 가능 담임교사 중심으로 관리	개별화된 수업 지원이 안 됨 특수교육대상자 맞춤형 교육 과정에서 제외 학업 스트레스

#학교생활

Q. 학교에서 받을 수 있는 학습 지원은 무엇이 있을까요?

A. 2021년, 국회에서 '기초학력보장' 법안이 통과되었습니다. 이를 통해 모든 학생의 기초학력 보장을 위한 법적 근거가 마련되었고, 지역 교육청에서는 학생들의 기초학력 지원을 위해 다양한 정책들이 마련되고 있죠.

이처럼 공교육에서는 경계선 지능 학생을 비롯해, 학습 부진 친구들을 위한 고민과 체계를 잡아가려고 노력하고 있습니다. 2016년 교육법이 바뀌면서 조례가 생기고 시스템이 마련되었는데요. 작년 '기초학력 보장'법안이 국회에서 통과되면서 더욱 탄력을 받고 있죠. 그중 하나가 학습클리닉센터에요. 교육지원청마다 학습클리닉센터가 세워져 있어요. 이곳에서는 학습에 어려움이 있는 친구들을 위한 지원이 이루어지죠. 센터에 따라 난독, 경계선 지능, 기초학습교육과 같은 영역에 개별적으로 지원해줍니다. 이것은 누구나 받을 수 있는 것이 아니라 신청자만, 그리고 조건에 부합하는 친구들만 지원받아요. 그래서 체크해야 할 점이 몇 가지 있지요.

첫째, 담임 선생님께 신청하세요

신청 기간을 놓치면 지원을 받지 못합니다. 학기 초에는 담임 선생님도 아이를 온전히 파악할 수 없으므로, 우리 아이에게 학습 지원이 필요하다면 빨리 담임 선생님께 연락해서 지원받고 싶다고 신청하세요. 물론, 매년 3월 기초학습 능력 평가를 학교 차원에서 진행하기는 하지만 예산에 따라 혜택을 받을 수 있는 친구들이 한정되어 있고, 지역마다 차이가 있습니다. 이 때문에 상담을 통해 정확한 의사를 전달하는 게 좋아요.

둘째, 아이의 필요를 정확하게 알아야 합니다

난독과 난산은 도움을 받으면 실력 향상 효과가 좋지만, 그렇지 않고 방치하면 어려움이 커져요. 경계선 지능은 학습 능력보다 학습심리가 더욱 중요하기 때문에 심리 정서상의 어려움도 참 많고요. 어떤 영역에서 도움이 필요한지 정확하게 알면 지금처럼 학기 초에 지원받고자 하는 영역을 알리기가 쉽죠. '한글 해득이 목표예요.' '난독이 있어요.' '기초 쓰기가 안 돼요.' 이렇게 말입니다. 필요에 따라 근처 난독 클리닉 기관을 다닐 수 있고, 서울이라면 경계선 지능 관런 치료센터와 연결해주기도 해요.

셋째, 목소리를 내주세요

우리나라 복지는 대부분 아는 만큼 받을 수 있어요. 그리고 필요와 요구가 분명한 곳에 지원이 생기게 되어 있습니다. 다만 아직은 지역마다 누릴 수 있는 지원 편차가 커요. 얼마 전 강의에 갔던 강원도는 인원이 많지 않아 지원을 받지 못하는 경우도 있었는데, 서울에서는 규모 있는 학습 센터가 독립적으로 지원하는 모습을 봐요. 이건 지역 예산 때문이 아니라 필요한 사람들의 적극적인 요청으로 이루어진 거랍니다. 아이를 위해 요청하고 도움받기를 원한다고 어필해야 "이런 필요들이 있구나?"라고 듣게 됩니다. 그리곤 새로운 통로가 생겨요.

안타깝게도 아이에게 낙인이 찍히진 않을까 염려하거나 혹은 이런 것이 있는 줄 몰라서 신청조차 못해 지원을 받지 못하는 경우가 많아요. 교육청 입장에서는 이렇게 만들어 놓아도 필요한 사람들이 없다고 생각해 점점 지원을 줄이게 되죠. 그러면 안 되잖아요. 이뿐만 아니라 발달 재활 바우처, 우리 아이 심리 바우처, 학교 바우처 카드, 학교 복지사업 등등의 지원 또한 마찬가지입니다. 도움이 필요하신 분들은 꼭 신청해보시면 좋겠어요.

Q. 눈치가 없어서 친구 사이에 어울리지 못해요

A. 느린 학습자 친구들의 빠질 수 없는 고민 중 하나는 바로 사회성입니다. 우리 아이들은 사회성 발달이 또래보다 미숙하고 눈치가 없어서 또래와 잘 어울리지 못해요. 낄 때 끼고 빠질 때 빠져줘야 인간관계가 잘 이루어지는데, 상대방의 감정을 모르니 엉뚱한 타이밍에 끼어들고 돌아가는 상황을 이해하지 못합니다. 여기저기서 눈치받는 난처한 상황에 처하게 되는 거죠. 요즘 아이들은 이런 우리 아이들의 특성을 누구보다 빨리 알아차리고, 행동이 반복되면 그룹 안에서 소외시켜버려요. 그 아이를 물끄러미 바라보는 부모의 마음은 정말이지 속이 터지죠.

사회성은 타고나지 않아요. 태어난 이후에 배우는 것이죠. 알아서 눈치껏. 그런데 우리 아이들은 이 눈치껏 배우는 것이 힘듭니다. 사회적 상황을 하나하나 세밀하게 알려줘야 하고, 타인의 감정을 이해할 수 있도록 도움을 주어야 합니다. 부모의 눈에는 당연해서 넘어가는 것들이 우리 아이들에게는 하나하나 배워가야 하는 것들이라는 것이죠.

러블린도 마찬가지였어요. 맥락을 파악하기도 어렵고, 상황의 추론이 어려운 아이였죠. 같이 게임하며 뛰어놀다가도 규칙을 이해하지 못해 중간에 빠져나오죠. 학교는 공동체 생활이다 보니 유독 이 부분이 눈에 들어올 수밖에 없답니다. 그럼 이런 상황들을 어떻게 도와줄 수 있을까요? 저는 드라마 테라피를 추천해 드려요.

'드라마 테라피'라고 말은 거창하게 했지만, 실은 드라마 보고 대화하기에요. 러블린과 함께 봤던 드라마는 EBS에서 만든 꾸러기 천사들이었어요. 배경은 유치원이었고, 대상은 7살반 친구들이죠. 탄탄한 구성과 현실적인 에피소드로 구성되어 있어서 아이가 흥미를 갖고 보기에 충분했어요. 여기에는 다양한 아이들이 등장합니다. 먹는 것이 좋아 뷔페 사장이 되고 싶은 친구, 까불이 친구, 다문화 친구, 인기 많은 친구, 소극적인 친구, 예쁜 선생님, 까칠한 선생님, 체육 선생님 등등 다양한 사람들이 등장하고 캐릭터가 있어요.

드라마를 볼 때는 러블린에게 질문하며 대화를 이어갔죠. "이 주인공은 왜 울까?" "이 주인공은 왜 화가 났지?" 처음에는 잘 모르던 러블린도 두 번 세 번 보면서 상황을 이해하고, 왜 화를 내는지 왜 삐졌는지 왜 당황했는지 등을 이야기하기 시작하더라고요. 저는 이렇게 드라마를 보면서 아이가 상황을 파악하고 감정을 표현할 수 있는 능력을 길러줄 수 있도록 끌어내 주는 게 중요하다고 생각해요.

감정은 눈에 보이지 않기 때문에 추상적으로 생각해야 하는데 우리 아이들은 이것이 어렵잖아요. 그런데 드라마는 이것을 시각적으로 펼쳐줘요. 화가 날 때 표정 말투 상황이 눈앞에 그려지죠. 이런 비언어적인 상황은 추론에 약한 우리 아이들에게 상당히 큰 도움이 된답니다. 그리고 더 나아가서 전신 거울을 가지고 아까 그 주인공의 표정을 따라 해보거나 감정을 표현할 수 있도록 도와 준다면 금상첨화겠죠?

눈치가 없어 친구들 사이에 어울리지 못하는 우리 아이에게 드라마 테라피로 친구의 감정을 알아채고, 상황을 파악하는 능력을 길러주세요. 아이들이 간접적으로 경험한 상황이 실제 상황에서 적용될 수 있도록 용기도 불어넣어 주시고요. 연령대별 도움이 되는 드라마 리스트를 첨부해드릴게요.

학교유형	드라마 정보
유치원	꾸러기 천사들 봉구야 말해줘 슬기로운 생활
초등학교	플루토 비밀결사대 벼락맞은 문방구 초등생활 매너백서 EBS 디딤돌
중.고등학교	멍냥꽁냥 커넥트 계약우정 학교 시리즈 청소년 장애이해드라마

초등생활이 즐거워지는
미션 활동

💬 **나만의 브랜딩 색상 & 이름표를 붙여줘!**

학교에서는 챙겨야 할 물건이 많습니다. 필통, 교과서, 학용품, 기타 등등. 주의력에 어려움을 겪는 우리 아이들은 자기 물건을 찾는 것에 애를 먹지요. 때로는 옆 친구의 연필이 자신의 것인 줄 알고 무심코 집어 들었다가 당황스러운 상황에 빠지기도 합니다. 이런 일들을 미연에 방지하기 위해서 나만의 브랜딩 색상을 만들어주면 좋습니다.

유명 아이돌 그룹 팬클럽은 각자를 상징하는 색상이 있습니다. 흰색은 HOT, 파란색은 GOD, 보라색은 방탄소년단이 생각나죠. 우리 아이에게도 자신을 상징하는 색상을 만들어주세요. 아이와 원하는 색상을 정해서, 같은 색상의 마스킹테이프를 준비합니다. 그리고 약속하는 거죠. "이 색 스티커가 붙어있는 물건은 ○○이 물건이야. 학교에서 이 색의 스티커가 붙어 있는 학용품은 잘 챙겨와야 해" 이렇게 연습하면 일단 분실할 염려가 없어요. 그리고 색상이 직관적으로 보이기 때문에 아이가 자기 물건을 찾아내기 쉽죠. 주변 친구들도 도움주기가 쉽고요. 자기 물건을 챙기는 습관 우리 아이들에게는 매우 중요합니다.

활동 방법

1. 나만의 브랜딩 색상을 선정합니다. 이때 아동이 직접 원하는 색상을 선택할 수 있도록 기회를 제공하는 것이 중요합니다.

2. 나만의 브랜딩 색상에 맞는 이름표 만들기를 해요. 교과서, 공책 등에 자신의 이름을 쓸 때도 같은 색상으로 적고, 색상 테이프나 스티커를 사서 붙여주면 좋아요.

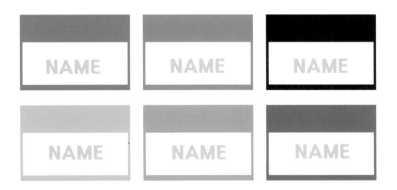

💬 친구 이름 외우기 놀이

이 활동은 아이의 친구 관계를 엿볼 기회이자, 함께 생활하는 친구들과 의미 있는 관계를 맺는 첫걸음이 됩니다. 학기 초 상담 기간에 선생님께 요청해 아이들의 명단을 확보한 뒤, 아이가 친구들의 이름을 기억해 오도록 하는 활동입니다. 이때 단순히 친구의 이름을 외워 오는 것으로 끝나지 말고, 이름과 함께 친구의 특징을 알아 오도록 하면 더욱 좋습니다. 안경을 쓴 친구, 키 큰 친구, 달리기가 빠른 친구 등등 아이가 생각할 때 이름과 특징이 연결되도록 해주면 더욱 좋습니다. 친구들의 이름을 알아가면서 자연스럽게 또래 친구들에게 관심을 갖고, 학급에 친구들을 알아갈 수 있다는 장점이 있습니다. 부모님과 함께 이름을 가지고 빙고 게임을 하는 것도 좋은 방법의 하나입니다.

활동 방법

1. 같은 반 친구의 이름을 파악해서 온다.

2. 자신의 주위에 있는 친구들부터, 멀리에 있는 친구들까지 내 친구 이름표를 완성한다.

3. 이름 옆에 가지고 있는 특징을 적어둔다.

4. 빙고 게임을 통해 친구 이름 맞추기 미션을 진행한다.

이름 외우기 빙고

김○○	이○○	박○○		

활동 방법

1. 책상 위에 시간표와 오늘 해야 할 과제 목록을 붙입니다.

2. 자신의 주위에 있는 친구들부터, 멀리에 있는 친구들까지
   내 친구 이름표를 완성합니다.

3. 이름 옆에 가지고 있는 특징을 적어봅니다.

4. 빙고 게임을 통해 친구 이름 맞추기 미션을 진행합니다.

💬 책상 적응 놀이

아이의 착석 훈련을 위한 놀이입니다. 유치원에서 친구들과 자유롭게 뛰어다니던 아이가 초등학교에 입학하게 된다고 해서 바로 책상에 앉아 집중할 수 있는 것은 아닙니다. 특히나 느린 학습자는 새로운 환경을 탐색하고 적응하는 데 많은 시간이 필요하기 때문에 겨울방학 전부터 책상과 친해지는 훈련을 하면 좋습니다. 소셜네트워크 마켓에서는 실제 학교에서 사용하는 것과 비슷한 책걸상 세트를 판매합니다. 이것이 아니더라도 학습이나 활동을 책상과 연계해 진행하는 것이 좋습니다. 이 안에서 다양한 활동을 통해 아이가 책상에 오래 앉을 수 있도록 지도합니다. 충분한 탐색의 기회를 먼저 제공하고, 이 안에서 다양한 활동들을 하면서 책상과 친해지는 작업으로 이어지면 더욱 유익합니다. 아이의 상황에 따라 처음에는 짧은 시간을 계획하고 점차 늘리는 방식을 활용하면 좋습니다.

💬 챈트로 확인하는 학교 규칙

초등학교에 입학하면 학교 규칙을 배우게 됩니다. 교실에서 지켜야 할 약속을 하는 것이죠. 느린 학습자는 단순한 문장으로 제시된 과제를 이해하기 어렵기 때문에 음률을 활용해 내용을 기억할 수 있도록 접근하는 것이 좋습니다. 학습규칙을 노래로 이해하게 되면 흥얼거리듯 자기 조절을 할 수 있고, 보다 즐겁게 학교 적응 훈련을 진행할 수 있습니다. 그뿐만 아니라 시각적 규칙판을 활용해 접근한다면 더욱 유익하겠습니다.

'꼭꼭 약속해' 노래 가사 바꾸어 부르기

첫째 소절 가사 바꿔 부르기, 둘째 소절은 후렴처럼 반복해서 부르기
의성어와 의태어를 넣어 부르면 의미가 더욱 확실해지고 신나게 부를 수 있음
가사에 따라 동작을 꾸미며 노래를 부르기
(예: 조용조용 – 검지를 입 앞에 세우기, 차곡차곡 – 양손을 번갈아 위로 쌓기, 안 되지? – 오른손을 양쪽으로 흔들기, 말해요 – 양손을 입가에 대기, 귀기울여 – 양 손을 오른쪽 귀에 가져다 대기)

꼭꼭 약속해

윤석중 작사 / 금수현 작곡

	너하고 나는	친구가 되어서	사이좋게	지내자
1	쉬는 시간에	작은 소리로	조용조용	얘기해
2	복도에서는	한 줄로	사뿐사뿐	걸어요
3	공부 시간에	선생님 말씀	귀 기울여	들어요
4	등교할 때엔	친구 만나면	내가 먼저	인사해
5	등교한 후에	책가방 책은	책상 속에	정리해
6	내가 입고 온	두툼한 겉옷	잘 챙겨서	걸어요
7	발표할 때는	큰 목소리로	또박또박	말해요
8	학급문고는	다 읽은 후에	제 자리에	정리해
9	모든 준비물	내가 챙겨서	1, 2, 3, 4	공부해
10	내 신발들을	신발장 둘 때	삐뚤삐뚤	안 되지?

출처: 부산광역시교육청, 《신나는 1학년 교사용 지도서》, 2014.

PART 4

느린 학습자의
중학교 생활

중학교 입학
준비 가이드

중학교 입학은, 부모뿐 아니라 우리 아이들에게도 큰 변화를 의미합니다. 어린이에서 청소년으로 성장해가는 과정인 중학교 생활은 매우 중요하기 때문이죠. 특히 환경의 전환 자체가 쉽지 않은 우리 느린 학습자 친구들에게는 그 누구보다 중학교 입학을 위한 세밀한 준비가 필요합니다. 그렇기에 이 챕터에서는 우리 아이들이 중학생이 되면서 맞이하게 될 변화를 알아보고, 준비할 것들을 이야기하고자 합니다. 우리 아이들이 중학생이 되면서 맞이하게 될 변화는 어떤 것이 있을까요?

💬 중학교에 가면 5가지 변화가 찾아와요

첫 번째로, 공간의 변화입니다.

초등학교라는 익숙했던 공간을 벗어나 중학교라는 새로운 공간에 적응해야 합니다. 일단 등굣길 자체가 새로워요. 또래 친구들에게는 이 부분이 대수롭지 않은 변화겠지만 우리 느린 아이들은 등하교도 훈련을 통해 기능적으로 익숙해져야 할 영역이죠. 또 중학교는 학급 수도 초등학교에 비해 많아지고, 크기 또한 달라집니다. 학교마다 차이가 있긴 하지만 급식실이 있는 경우도 있고, 화장실, 교무실, 보건실, 체육관 등의 장소와 위치가 모두 달라지기 때문에 우리 아이들은 공간의 변화에 따른 적응이 필요하답니다.

두 번째로, 선생님의 변화입니다

초등학교도 매년 담임 선생님이 바뀌기는 하지만, 중학교는 다른 차원의 변화가 이루어져요. 일단 담임 선생님 이외에 교과별로 담당 선생님을 만나게 되죠. 초등학교에서는 담임 선생님 중심으로 교과 수업이 진행되고 생활지도가 이루어지기 때문에 아이가 만나게 될 학교 선생님이 한정적이었어요. 그렇지만 중학교에서는 학교생활 전반에서 새로운 선생님을 만나게 돼요. 담임 선생님을 비롯해 교과 선생님 그리고 학생부장 선생님까지…. 선생님마다 성향도 다르고 스타일도 다르고 교육 방향도 조금씩 차이가 있기 때문에 이것에 적응해 가는 것도 중요한 하나의 이슈가 됩니다.

세 번째로, 친구들의 변화가 있습니다.

학교마다 차이가 있겠지만 중학교는 대게 2~3개 이상의 초등학교에서 학생들이 모이기 때문에 학기 초 새로운 또래 관계를 형성하는 과정을 거치게 돼요. 초등학교 시절 친했던 친구라고 할지라도 중학교 올라와 새로운 친구를 사귀면서 자연스럽게 멀어지거나 관계가 틀어지는 경우도 있고, 초등학교 때 괴롭히거나 갈등이 있었던 아이와 또 만나 힘든 경우도 생기죠. 더군다나 청소년기는 자연스럽게 또래 친구들에게 관심이 커지는 시기입니다. 다양한 성장 속도를 보이는 아이들을 만나다 보니 우리 느린 아이들이 친구 사귀기에 어려움을 보이는 경우가 상당히 많다고 보시면 돼요.

네 번째로, 시스템의 변화가 찾아와요

우리 부모님들이 가장 많이 애를 먹는 부분이기도 합니다. 초등학교는 담임 선생님 중심으로 모든 시스템이 이루어지기 때문에 담임 선생님과의 소통으로 문제가 해결되는 경우가 많았을 거예요. 그렇지만 중학교는 각 교과마다 선생님이 달라집니다. 그렇기에 교과마다 주어지는 과제, 준비물이 제각각일 수밖에 없습니다. 또 반마다 진도가 다르기도 하고, 같은 교과를 배우면서도 반마다 담당하는 선생님이 다른 경우도 있어 수행평가의 날짜도 제각각이랍니다.

심지어 중학교는 알림장과 주간학습계획안이 없죠. 초등학교에서는 아이가 전달을 놓치더라도, 매일 써오는 알림장과 주간학습 계획안만 들여다보면 내용을 파악할 수 있었는데, 중학교에서는 아이들 스스로가 챙겨야만 합니다. 상황 이해와 주의 집중력이 약한 우리 느린 아이들에게는 큰 노력이 필요한 변화입니다.

중학교는 자유학년제가 진행됩니다. 자유학년제란 자기 주도적 학습 능력을 기르기 위해 중학교 1학년 동안 지식·경쟁 중심에서 벗어나 학생 참여형 수업을 실시하고 학생의 소질과 적성을 키울 수 있는 다양한 체험 활동을 중심으로 이루어지는 교육 과정입니다. 쉽게 이야기하자면 중학교 입학 후 첫 1년 동안은 시험을 치르지 않아요. 성적 압박에서 벗어나 학교에 적응할 수 있는 좋은 기간입니다. 그러나 자유학년제에 따른 동아리, 주제 선택, 예술 체육 교과 등 다양한 부분에서 매번 자신의 의견을 밝히고 선택해야 합니다. 또 같은 반에서 같은 친구들과 수업이 이루어지지 않고 다른 반에서 새로운 친구들과 섞여 프로젝트형 수업을 하기 때문에 새로운 친구들과 잘 어울릴 수 있는 사회성과 적응 능력을 요구받아요.

앞서 이야기한 이러한 변화들은 우리 아이들뿐만 아니라 모든 중학교에 올라가는 친구들이 경험하는 변화죠. 이 변화에 얼마만큼 수월하게 적응하느냐에 따라 우리 아이들의 중학교 생활이 달라집니다.

입학 전 겨울방학이 매우 중요해요

느린 학습자는 초등학교를 졸업한다고 해서 뚝딱하고 중학생 모드로 변하지 않습니다. 우리 아이들은 새로운 변화를 체계적으로 준비해야 합니다. 중학교 생활이 찾아오기 전 이것을 준비하는 겨울방학이 중요한 이유가 바로 이 때문이죠.

존 그린더 교수와 리차드 밴들러 박사가 연구한 21일의 법칙은 느린 학습자 친구들에게 있어 좋은 방향성을 제시해 줍니다. 21일의 법칙이란 어떤 일이든 21일간 계속하면 습관이 된다는 법칙인데요. 여유로운 겨울 방학 동안 이와 같은 습관을 만들어 보는 것이 좋습니다.

21일의 법칙은 몇 가지 원칙이 있습니다. 첫 번째로 연속성이 중요합니다. 매일 빠뜨리지 않고 하는 것이 중요하다는 것이죠. 매일 실천 과제와 결과를 눈에 보이게 시각화하는 방법도 좋습니다.

두 번째로, 너무 무리하지 않는 것이 중요합니다. 의욕이 앞서 자신이 할 수 있는 역량보다 무리하게 목표를 잡으면 습관이 생기기 전에 포기해 버립니다. 우리 아이의 수준에 따라 핵심 습관 포인트를 3개 정도로 잡아 꾸준하게 진행하기를 추천해 드려요.

세 번째로, 일정한 시간 또한 중요합니다. 어제는 아침에, 오늘은 점심에, 내일은 저녁에 진행하는 것이 아니라 자신이 정한 시간에 꾸준히 할 수 있도록 하면 좋아요. 점심을 먹고 나서부터 시작한다든지, 아침에 눈을 뜨자마자 미션을 한다든지 하는 계획을 세워보는 것도 좋습니다.

네 번째로, 습관을 들이는 장소가 일정해야 합니다. 겨울방학에는 학교에 갈 수 없기 때문에, 스터디 카페나 자신의 공부방, 도서관 열람실 등의 편안한 장소를 선정해 실천해보기를 바랍니다.

 습관이란 쉽게 만들었다 없앴다 할 수 없습니다. 느린 학습자 친구들에게는 보통의 경우보다 더 긴 기간이 필요할 수도 있어요. 그러나 겁먹지 말고 시도해 보았으면 좋겠습니다. 작심삼일도 7번만 반복하면 21일을 채울 수 있으니까요.

시간 정하기

나에게 맞는 시간 정하기

장소 정하기

나에게 맞는 장소 정하기

작은 습관, 체크리스트

Sun	Mon	Tue	Wed	Thur	Fri	Sat
1 D-day	2	3	4	5	6	7
8	9	10	11	12	13	14
15	16	17	18	19	20	21
22	23	24	25	26	27	28
29	30	31				

실천할 내용 적기

💬 확실한 보고체계 훈련이 필요해요

청소년기에는 초등학교 시절보다 더 자유와 책임이 부여됩니다. 아이도 부모님 또는 누군가의 감독이나 지시에서 벗어나 주체적으로 행동하는 것을 좋아합니다. 점차 독립성을 갖는 것이죠. 자신의 노력으로 많은 일을 수행할 수 있는 능력을 길러야 하는 시기이기도 합니다. 아이 스스로 점검하고 실천해야 하는 일들이 많아집니다. 아이 스스로 메모하여 필요한 준비물이나 과제를 챙겨야 하죠. 배우는 과목도 많고 학습 양도 많아져서 스스로가 스케줄을 관리하고 효율적으로 전달할 수 있어야 해요.

첫째, 개별 파일을 만들어 관리하는 법을 익혀요

학급에서 주요한 가정통신문이나 전달 사항을 받을 수 있도록 개별 파일을 만들어주세요. 과목별로 주어진 학습지나 담임 선생님이 전해주는 가정통신문이 사물함이나 가방에 아무렇게나 구겨 들어가 있지 않도록 받는 즉시 개별 파일에 넣어 관리하는 법을 알려주세요.

둘째, 학급 게시판을 보고 주간 계획표를 만들 수 있도록 지도해주세요

대부분의 학급에서는 일주일 안에 중요한 행사나 수업 변경 같은 부분들을 선생님들께서 보기 좋게 적어놓습니다. 이것을 따라 적어 다이어리를 완성한다면 찾아보기 쉽겠죠. 이것도 쉽지 않은 친구들이라면 스마트폰 사진으로 찍어 기록을 남길 수 있도록 도와주세요.

셋째, 플래너를 통해 시간 계획을 세울 수 있도록 도와주세요

플래너 안에는 오늘 공부해야 할 스케줄도 들어가고, 아이들과 함께해야 할 수행평가 일정도 들어가겠죠. 중간중간 필요한 준비물도 적어넣어야 하고요.

느린 학습자는 많은 것을 기억하는 것이 쉽지 않고, 주의력의 어려움으로 놓치는 영역이 많습니다. 이 때문에 위와 같이 부모와 연계된 확실한 보고체계를 훈련하는 것이 필요해요. 물론, 느린 학습자 친구들에게 이러한 보고체계가 한 번에 자리 잡기는 쉽지 않습니다. 꽤 집중해야 하는 작업이니까요. 부모님도 아이의 전달을 기다리는 것보다 담임 선생님께 연락해 바로 정보를 파악하는 편이 더욱 편하실 수 있어요. 그렇지만 보고 체계 훈련은 아이들의 자립생활 향상에 매우 중요한 전환점이 될 거예요. 느리지만 반복을 통해 몸소 시간 관리를 실천할 수 있으면 이후 고등학교 생활에서도 또 사회에 나가서도 스스로 시간을 관리할 수 있는 아이로 성장하게 될 것입니다.

💬 잘 준비했는지 체크해보아요

체크	목록	내용
	교복	교복, 체육복, 생활복
	실내화	발이 편안한 흰색 실내화
	책가방	책상에 걸 수 있는 고리가 있는 책가방 너무 무겁고 크지 않은 책가방
	필통	연필, 지우개, 자가 충분히 들어갈 수 있는 크기
	필기구	컴퓨터용 사인펜, 삼색볼펜, 형광펜, 샤프, 지우개, 화이트
	공책	교과별 공책
	개인컵	개인 물컵 혹은 물통
	이름표	물건에 자신의 이름표 모두 부착
	파일	가정통신문 보관용 파일과 학습지 보관용 파일

느린 학습자가
맞이해야 할 자유학년제

💬 자유학년제의 개념과 특징은 무엇인가요?

중학교에서 한 학기 혹은 일 년 동안 기존에 해왔던 지필평가를 실시하지 않고, 과정 중심의 수행평가를 실시함으로써 학생의 체험과 활동이 수업의 중심이 되도록 교육 과정을 유연하게 운영하는 제도를 자유학기제 혹은 자유학년제라고 이야기해요. 실시 기간과 운영 방식에 따라 자유학년제, 자유 학기제, 연계 자유 학기제로 나뉘게 됩니다.

2016년부터 전면 시행된 자유학기제는 2020년부터 자유학년제로 확대 시행되기 시작했고, 2022년에 들어서는 중학교 대부분이 자유학년제로 운영되고 있습니다. 이 자유학년제가 시작된 초기에는 "중학교 1학년 시기 내내 노는 기간"이라는 따가운 시선을 받기도 했는데요. 시간이 지나면서 오히려 자유학년제를 경험한 학생들의 학업성취도가 미경험 학생에 비해 높게 나타났고, 교육부 조사 결과 학생, 학부모, 교사 모두 자유학년제에 대한 만족도가 높은 것으로 나타나면서 의미 있는 1년이라는 인식이 더욱 강해졌습니다. 느린 아이를 키우는 부모님들에게도 평가에 대한 부담은 줄고 다양한 활동 중심의 수업은 늘어났기 때문에 이 시기를 학교 적응 기간으로 삼는 경우도 많아졌죠.

자유학년제의 특징을 키워드 중심으로 살펴볼게요

키워드 1. 학생 참여형 수업

자유학년제는 수업 중에 자신이 듣고자 하는 강의를 스스로 선택할 기회를 제공합니다. 또 자유학년제가 실시되는 동안에는 지필고사를 보지 않고, 과정 중심의 평가를 실시하게 돼요. 이 또한 점수나 등급으로 표기되지 않고 학생들의 활동 성취 기준에 따라 서술되는데요. 덕분에 학생의 성장과 발달에 중점을 둔 평가가 가능하다는 점에서 우리 느린 학습자 친구들을 비롯한 학생들에게 긍정적인 영향을 줄 수 있답니다.

키워드 2. 진로 탐색

자유학년제는 아일랜드의 전환학년제(Transition Year)와 덴마크의 에프터스콜레(Efterskole)를 모델로 만들어졌습니다. 둘 다 학생들이 자신의 진로를 스스로 탐색하는 과정을 통해 적성을 찾을 수 있도록 돕는다는 특징이 있죠. 우리나라의 자유학년제에서도 꾸준한 진로 교육을 통해 다양한 진로 탐색 기회를 제공합니다. 각 학교에는 진로 교육을 담당하는 부서가 따로 설치되어 있어서 진로 적성검사를 진행하기도 하고, 외부의 직업 전문가를 강사로 모셔 와 특강을 개최하기도 하죠. 또한 진로 체험의 날을 통해 자신이 평소에 흥미 있어 하는 분야의 직업 방식들을 직접 체험해 볼 수 있도록 기회를 제공하기도 한답니다.

키워드 3. 핵심 역량

자유학년제는 역량 기반 교육 과정으로 운영됩니다. 지금 세계의 교육 흐름은 지식을 배우는 것에서 사회적인 역량을 개발하는 것으로 패러다임이 변하고 있습니다. 그렇기 때문에 이 자유학년제뿐 아니라 고교학점제 그리고 대학 입시에 이르기까지 이 역량 기반 교육 과정에 근거해서 설계가 되어있죠. 쉽게 이야기해 이전에는 가르치는 것이 중심이었고, 이 지식을 획득하는 것이 교육이라고 했다면 지금은 배우는 것이 중심이고 이 지식을 활용할 수 있는 능력을 가르치는 것이 교육이라는 것입니다.

💬 자유학년제는 어떻게 운영되나요?

　자유학년제 수업은 크게 주제 선택, 예술 체육, 동아리, 진로 탐색 활동의 네 가지 영역으로 구성되어 운영됩니다.

주제 선택 활동

　주제 선택 활동은 자유학년제 활동에서 가장 큰 비중을 차지합니다. 교과 내용을 학생 참여형 수업으로 확장한 것으로 이전에는 국어 과목으로만 수업을 들었다면 주제 선택 안에서는 이야기책을 활용한 프로젝트 수업이 개설되어 참여할 수도 있고, 사회 교과라면 '죄와 벌'이라고 해서 모의 재판 형식의 사회 토론 참여 수업도 개설됩니다. 또 기술가정 교과에서는 친환경 생활연구반 프로그램을 진행하면서 에코백 만들기, 재생에너지 활용하기와 같은 활동을 하는 경우도 보았습니다. 이러한 수업들은 같은 교과 내용의 성취수준이 반영되면서도 체계적이고 참여 중심적인 학습 기회를 제공합니다. 아이들도 흥미와 교육적 동기를 갖게 되고, 수업에서 경험한 지식은 의도하지 않아도 더 깊이 새겨지게 되죠.

진로 탐색 활동

　진로 탐색 활동은 학생들이 자신의 적성과 소질을 바탕으로 다양한 진로를 탐색하는 기회를 제공합니다. 진로적성검사, 진로흥미검사 등을 통해 자신에게 어울리는 직업군을 추려보기도 하고, 실제로 그 직업군에 있는 강사의 강연을 듣기도 합니다. 또한 요즘은 코로나로 인해 여의치 않지만, 잡월드나 지역사회 직업체험센터를 방문해 체험을 해볼 수도 있지요. 이러한 활동들은 스스로 미래를 설계할 수 있는 힘을 길러주고 다양한 진로 방향을 고민해볼 수 있도록 도와줍니다. 진로 탐색 활동은 고교학점제와 연계되어 자신의 진로를 디자인하는 밑그림이 되어 주기 때문에 무엇보다 중요합니다.

예술 체육 활동

예술 체육 활동은 예체능 역량을 개발하는 데 도움을 주고자 개설된 영역입니다. 미술과 음악 그리고 체육교과 안에서 수업이 개설되는데, 이때 학교 선생님이 직접 가르치는 수업도 있지만 외부 전문가가 직접 수업하기도 합니다. 미술 시간에는 캘리그라피나 회화 중심의 작가가 강사로 와서 다양한 작품을 만들 수 있도록 수업을 개설하기도 하고, 음악 시간에는 통기타 선생님을 초빙해 기타 수업이 개설되기도 하며, 체육 시간에는 필라테스, 요가 강사 선생님을 섭외하여 수업이 만들어지기도 하죠. 학교 안에서 다양한 예체능을 접할 수 있어 아이들에게 큰 호응을 받는 영역이기도 합니다.

동아리 활동

동아리 활동은 교과와 연결되지 않고, 말 그대로 자발적인 관심에 따라 구성되는 활동을 의미합니다. 국어를 가르치는 선생님이지만 탁구에 특기를 가지고 계시면 아이들과 탁구동아리를 개설해 운동하기도 하고, 수학을 가르치는 선생님이지만 댄스동아리를 개설해 활동을 할 수도 있습니다. 저는 특수교육을 전공했으나 체대를 나온 경력이 있기에 아이들과 스포츠문화 동아리를 만들어 E-스포츠, 스포츠스태킹 등 다양한 스포츠를 함께 즐기기도 했습니다. 동아리 활동에는 과목의 제한이 없기 때문에 아이들이 흥미를 보이는 동아리를 만들어 선생님께 찾아와 담당 교사가 되어달라고 역제안하는 경우도 있습니다.

💬 자유학년제를 어떻게 준비해야 할까요?

느린 학습자 친구들에게 자유학년제는 기회가 될 수 있습니다. 아니, 기회가 될 수 있도록 만들어주어야 합니다. 자유학년제가 우리 느린 학습자 친구들에게 기회가 될 수 있는 이유를 알려드릴게요.

먼저, 기초학습 부진을 회복할 기회가 생깁니다. 앞서 주제학습을 할 때는 기본교과의 연장선상으로 과목이 개설된다고 알려드렸어요. 그렇기 때문에 보다 활동 중심적으로 기본교과에 접근할 수 있는 것이죠. 우리 느린 학습자 친구들은 추상적인 개념보다 실제적인 경험이, 이론보다는 실습이 학습에 용이하기에 효과적인 방법이 되겠죠. 그뿐만 아니라, 주요 교과를 다루는 선생님 중에는 주제학습을 정할 때 기초학습 부진 학생들을 위해 쉬운 국어 수업, 수학 수업, 영어 수업을 개설해주기도 합니다. 이때 주제학습에 참여해 활동하면 보다 학습에 대한 자신감을 갖게 될 거예요.

다음으로, 아이들의 흥미에 따른 집중력을 보일 수 있습니다. 주제 선택 활동, 예술 체육활동, 진로·직업 활동, 동아리 활동 모두 학생이 직접 선택해서 참여하는 과정입니다. 이때 아이가 원하는 수업을 선택할 기회가 주어지게 되죠. 아이들은 자신이 선택하거나 흥미가 있는 영역에서는 보다 높은 집중력을 발휘하게 됩니다.

마지막으로, 진로 로드맵의 기초를 다질 수 있습니다. 모든 아이가 그렇겠지만 우리 아이들에게는 진로에 대한 그림을 어렴풋이나마 그려둘 필요가 있습니다. 또래보다 천천히 성장하기 때문에 보다 넓은 그림 속에서 아이가 성장할 기회를 제공하는 것이죠. 그런 면에서 진로 탐색을 함께 해볼 기회가 된다는 점은 매우 유익한 장점이 될 거예요.

그렇다면 이런 효과를 거두기 위해 우리는 어떻게 활용하면 좋을까요? 우리 아이들의 특성을 많이 고민해보는 것이 중요합니다. 아직 자기 인식과 상황 판단이 쉽지 않은 아이들을 있는 그대로 존중해주는 것도 중요한데, 이럴 때는 냉정하게 객관적으로 분석할 필요도 있습니다. 아이가 좋아하는 것, 흥미 있어

하는 분야, 아이가 할 수 있는 분야와 꼭 해내야 할 분야를 생각하고, 이에 맞도록 선택해 가는 것이지요. 실제로 우리 아이들은 준비되어 있지 않다면 자기주장을 하기가 쉽지 않습니다. 그래서 수업을 정할 때도 이리 치이고 저리 치여서 가장 인기 없는 수업에 어쩔 수 없이 밀려들어 가거나, 맞지 않는 수업에 가서 어려움을 경험하기도 하죠. 그렇기 때문에 부모님들께서 먼저 개설되는 수업을 파악하신 후 우리 아이들의 특성에 맞춰진, 장기적인 관점에서 아이의 진로 로드맵에 맞춰진 수업을 선택하기를 추천해 드려요.

중학교 교과 학습
대원칙

💬 중학교 학습은 절대 포기하지 않는 것이 중요해요

느린 학습자 부모님들께 받는 많은 질문 중 하나는 아이의 학습을 언제까지 붙잡아주어야 하는지에 대한 것입니다. 초등학교 저학년 때는 열심히 지원해 주고 학습해주면 또래 아이들과 비슷하게 성과를 얻을 것이라 생각합니다. 그러나 막상 초등학교 고학년에 올라가 어려운 개념어가 등장하고 학습 난도가 높아지면 격차를 더욱 심하게 느끼시죠. 사실 부모님들도 초등학교 고학년 수학을 가르쳐주는 것이 여간 까다로운 게 아니거든요.

그러나 저는 중학교 학습까지는 포기하지 않고 따라가야 한다고 생각합니다. 중학교 교과 학습까지는 아이의 실생활에 적용되는 영역들이 참 많기 때문이에요.

💬 학습 능력보다 학습감정이 중요해요

경계선 지능 아이들에게 빠질 수 없는 키워드는 감정입니다. 감정 처리에 미숙하기 때문에 상황에 따른 반응이 더욱 불안하고, 왜곡되어 나타나죠. 이것은 학습에서도 마찬가지입니다. 수업이 시작되기도 전부터 아이들은 불안함을 느끼고, 평가에 대한 압박을 심하게 받습니다. 지금까지 경험했던 학습 부진과 그 과정에서 느꼈던 어려움은 이 감정을 더욱 심화시킵니다. 이러한 부정적인 감정을 처리하느라 전두엽은 더욱 바빠지고, 그 결과 가뜩이나 작은 생각 주머니를 더욱 위축시키게 되죠. 학습 의욕을 잃어버리게 만드는 것은 물론이고요. 그렇기 때문에 이 감정을 이해하지 않고 학습만 강조하면 원하는 결과를 이루기 쉽지 않습니다.

반면에 학습에 대한 긍정적인 감정은 이 불안한 마음을 완화해줍니다. 또한 긍정적인 감정 가운데에서 유익한 신경전달물질인 도파민과 엔도르핀을 분비함으로써 새로운 학습을 위한 동기를 높여주죠. 실제로 도파민의 분비는 우리 아이들의 작업기억 기능을 향상해주는 기능을 해준답니다. 그렇다면 어떻게 학습을 긍정적으로 느끼게 해줄 수 있을까요?

첫 번째로, 칭찬과 격려입니다

중요한 시험이나, 수행평가를 앞두었을 때 긍정적인 칭찬은 아이의 수행 능력을 끌어올려 줍니다. "너는 정말 잘 해낼 수 있어. 선생님은 널 믿어" "지금까지 어려운 과정들을 잘 해낼 수 있었던 건 너의 성실함 때문이야. 결과와 상관없이 넌 내 마음에 A＋야!"처럼 마음을 가득 담은 칭찬과 격려는 수행의 질을 높이고, 도전할 수 있는 힘을 일으켜 줍니다.

두 번째로, 성공 스토리를 상기시켜주어요

러블린은 스스로 샤워를 마쳤다든지, 엄마를 위해 음식 준비를 도왔다든지 하는 성공적인 경험을 했던 날에는 어린이집에서 하는 활동에 더욱 적극적인 모습을 보여주었습니다. 성공 스토리는 아이가 스스로 할 수 있다는 자기효능감을 높여주고, 이것은 또 다른 과제에서도 열심히 하면 만족스러운 결과를 낼 수 있다고 생각하게 만들어줍니다. 자신이 해낸 행동을 아이가 인식하고 자신감을 갖도록 해주세요.

세 번째로, 과제를 쪼개어 구조화 시켜주어요

예를 들어, 줄넘기 연속 뛰기 10번이 주어진 과제라면, 아이의 수준에 맞춰 연속 뛰기 2번을 성공 기준으로 삼아주세요. 과제의 수준을 낮춰 성공할 기회를 제공하고 그 안에서 스스로 만족스러운 경험을 하면 다음 과제에서도 동일한 기쁨을 누리기 위해 노력하게 된답니다. 박재원 소장님의 《중위권 학생의 공부 진로 진학》(선스토리, 2022)에서도 긍정적인 학습 감정은 중하위권 학생의 학업 성취에 큰 터닝포인트를 만들어 준다고 합니다.

💬 학습 목표를 성적에 두지 말고, 과정에 두어요

"1등만 기억하는 더러운 세상" 개그맨이 외쳤던 이 유행어는 결과 중심의 사회를 정확하게 표현하는 말이라고 생각해요. 개발도상국에서 선진국의 반열에 오르기까지 우리 사회는 1등을 추구해왔고, 이것은 큰 저항 없이 우리 아이들에게 받아들여졌어요. 성적에 따라 서열이 나뉘고, 만들어진 결과물에 따라 평가받았죠.

당연히 그 안에서 우리 느린 학습자 친구들은 좋은 평가를 받기 어려웠답니다. 경계선 지능을 가진 친구들은 또래 친구들과 비교해 보폭이 차이가 있어요. 또래 친구들이 100점을 받기 위해 하루를 공부해야 한다면, 우리 느린 학습자 친구들은 몇 날 며칠을 고생해야 도달할 수 있어요. 결국 사회가 요구하는 경쟁력을 갖추고 우수한 성적에 도달하는 것을 목표로 삼는다면 우리 아이들에게 주어진 결과는 실패밖에 없다는 결론이 나와요.

그러나 우리 아이들은 자신만의 속도가 있어요. 배움의 속도가 다르고, 배움의 성격도 다르죠. 그래서 우리는 느린 아이들이 존중받을 수 있는 트랙 안에서 목표를 세워야 합니다. 아이의 성장을 중심으로, 아이가 성장하는 과정을 중심으로 학습 목표로 삼아야 한다는 거예요. 아이가 배우는 교육 과정 안에는 다양한 성취기준이 자리하고 있답니다. 공부를 통해 배워야 하는 핵심 내용이 있다는 것이죠. 이것을 향해 뚜벅뚜벅 걸어가는 모습이 보인다면, 비록 그것이 또래 아이들과 비교해 결과가 미진하더라도 잘하고 있다고 평가받았으면 좋겠어요.

아이들 각자의 모양과 속도대로 성취기준을 삼고, 그 안에서 성장하는 과정을 평가 받는 것이 우리 아이들에게 필요한 관점이라고 생각합니다.

💬 좋은 질문은 많은 학습량보다 더 귀해요

유대인 교육법인 하브루타(havruta)는 우리 느린 학습자 친구들을 위해 꼭 참고해야 하는 교육법입니다. 하브루타는 질문을 통해 사고하고 대화를 통해 생각을 정리함으로써 이루어지는 교육을 의미합니다. 부모와 자녀가 대화를 나누고 이 대화의 과정에서 사고력을 자극하고 아이 스스로 정답을 찾아감으로써 교육이 이루어지는 것이죠.

추론하는 능력이 약하고, 추상적인 내용을 다루기 힘들어하는 우리 아이들의 특성과 어울리는 교육 방법일까?, 라고 생각할 수도 있어요. 그러나 하브루

타의 교육법을 통해 아이들이 생각하는 길목을 닦아준다고 생각하면 고개를 끄덕이실 거예요. 예를 들어, 아직 잘 닦여지지 않는 오프로드에서는 땅이 거칠고 울퉁불퉁해서 매끄럽게 운전하기가 쉽지 않지만, 잘 닦여진 고속도로에서는 부드럽게 운전이 가능하죠. 이처럼 생각하는 길목을 지속해서 닦아줌으로써 아이가 스스로 사고할 수 있는 능력을 길러주는 것이에요.

이때 가장 중요한 핵심은 좋은 질문입니다. 좋은 질문은 생각을 할 수 있도록 돕는 질문입니다. 예를 들어, 국어 교과서에 등장하는 이야기를 보고 그 안에 등장하는 주인공의 행동을 유추해보도록 도와주는 것이랍니다.

중학교 교과 학습
가이드

💬 [국어] 어휘력과 문해력 향상에 초점을 맞춰 지도해요

국어 교과는 모든 학습에 기본이 되는 도구교과입니다. 중학교 국어교육 과정을 살펴보면 국어는 듣기 말하기, 읽기, 쓰기, 문법, 문학의 다섯 영역으로 이루어져 있어요. 이 다섯 가지의 영역을 통해서 국어를 정확하고 효과적으로 사용하는 데 목적이 있죠. 초등학교와는 다르게 교과서에는 그림이나 사진 등의 단서가 많이 없고 긴 문장 형식으로 구성되어 있기 때문에 우리 아이들은 쉽게 집중력을 잃고 산만함을 보입니다.

또, 느린 학습자는 기본적으로 추론 능력에 약점을 보이죠. 그렇기 때문에 중심 내용을 찾는다거나, 자기 경험과 생각을 논리적으로 써 내려가기에 어려움이 있습니다. 또한 책을 읽은 경험이 많지 않아 활용할 수 있는 어휘의 개수가 한정적이고, 책을 읽고 해석하는 능력인 문해력이 약하다는 특징을 보여요.

모든 공부의 기초 어휘력

어휘력은 모든 공부의 기초가 되기 때문에 우리 느린 학습자 친구들에게 매우 중요한 부분입니다. 국어 교과에서뿐만 아니라 수학, 사회, 과학 등 모든 학습상황에서 개념어를 통해 설명이 이루어집니다. 당연히 어휘력을 얼마나 갖추고 있는가에 따라 학습의 질이 달라지겠죠. 그뿐만 아니라 우리는 자기 생각을 글로 표현하기도 하고, 자신의 감정 상태를 말로 전달하기도 하면서 다른 사람들과 소통을 주고받죠. 자신을 표현하는 데도 어휘력은 매우 중요한 역할을 하는 것입니다. 이러한 측면에서 우리 느린 아이들에게는 어휘력 향상이 가장 앞선 과제가 됩니다.

그렇다면 느린 학습자 친구들은 어떻게 어휘력을 향상할 수 있을까요? 느린 학습자 친구들의 어휘력 향상은 실용적으로 또 경험 중심적으로 접근할 필요가 있습니다. 한 번에 많은 양을 기억할 수 없는 인지적 특성이 있기 때문에 비교적 핵심적인 어휘를 가르쳐야 하고, 기억에 남을 수 있는 전략을 사용해야 합니다. 학습상황에 많이 등장하는 학습 도구 어휘가 있습니다. 그리고 다음 날 아이가 학습장면에서 배워야 할 어휘가 있습니다. 이것을 먼저 파악해서 아이에게 가르쳐준다면 수업할 때 훨씬 자신감 있게 임할 수 있게 됩니다.

부모님이나 선생님이 내일 아이가 공부할 내용을 먼저 파악해보시고 그 안에서 등장하는 핵심 단어나, 동사, 형용사 등에 대한 낱말 뜻을 아이에게 가르쳐주세요. 단순히 단어와 뜻을 설명하는 학습으로 접근하는 것보다 일상 대화 속에서 이야기 나누며 지도하면 더 효과적이에요. '그래픽 조직자'라고 해서 눈앞에 보이는 그림이나 디자인을 활용하는 방법도 좋고, 나만의 어휘 지도를 만들어보는 것도 아주 좋은 방법이 됩니다.

그뿐만 아니라 어휘력은 실용적이어야 합니다. 앞서 이야기한 것처럼 우리는 언어를 통해 자신의 상황을 설명하고 감정을 표현해요. 느린 학습자 친구들은 또래보다 적은 어휘를 사용하고 짧은 문장으로 대화하기 때문에 자신을 표현하는 데 한계가 있습니다. 그렇기 때문에 오늘 배운 어휘를 일상생활에서 사용할 기회를 제공해주세요. 역할극이어도 좋고, 단순한 일상대화여도 좋습니다. 함께 이야기하며 자연스럽게 어휘를 노출하고 그 어휘를 활용하는 경험을 한다면 더욱 효과적으로 어휘력을 향상할 수 있을 거예요.

글을 이해하는 힘! 문해력 향상하기

글은 읽는 것으로 시작해서 이해하는 것으로 마무리되어야 합니다. 교과서에 나와 있는 텍스트를 유창하게 읽을 수 있어도, 내용을 이해할 수 없다면 학습이 이루어졌다고 볼 수 없겠죠. 글을 읽으면서 그 안에 제공되는 정보를 획득하고 이것을 기억하며 적절하게 활용할 수 있을 때 비로소 학습이 이루어진다고 말할 수 있을 겁니다. 문해력은 바로 이것을 의미해요. 그러나 느린 학습자 친구들은 이 작업이 어렵습니다. 배경지식과 글의 내용을 연결해 생각하기가 쉽지 않고, 주의 집중력이 약해 쉽게 산만해지죠. 또한 글의 주제나 중심 생각을 파악하는 능력이 미흡해요. 그렇기 때문에 우리는 느린 학습자들이 글을 읽고 내용을 효과적으로 이해할 수 있도록 도움을 주어야 합니다.

먼저, 구조화된 자료를 제시해주는 것이 좋습니다. 교과서 내에 주어진 글이 텍스트로만 제공되었을 때 이것을 시각적인 이미지를 더해 제공해줌으로써 상황을 직관적으로 이해할 수 있도록 도와주는 것이죠. 또한 그림책 읽기부터 시작해 자신의 수준에 맞는 책을 읽을 수 있도록 도와줌으로써 자연스럽게 간접적인 어휘 지도가 이루어질 수 있도록 할 필요가 있습니다. 저학년 시기에는 소리내어 읽기를 통해 지도하고 어느 정도 훈련이 된 이후에는 내용을 머릿속에 그려가며 읽는 것을 지도할 필요가 있습니다.

다음으로 단계별 책 읽기를 통한 독해력 향상에 초점을 갖고 도와주면 좋습니다. 운동할 때도 가벼운 중량에서부터 점점 무거운 중량을 들어 올림으로써 근육을 만들 듯이, 우리 아이들의 독해력 또한 아이의 수준에 맞춰진 책부터 시작해 점차 난도가 있는 수준에 책으로 접근할 수 있도록 도와주는 것이 필요합니다. 이때 기억해야 할 것은 단순히 책을 읽는 것으로 어휘력과 독해력이 향상되는 것이 아니라는 것입니다. 책의 내용 안에서 아이가 생각하고 있는 부분을 끄집어 대화의 주제로 삼고, 책에 등장한 어휘를 활용해 말놀이하는 것처럼 상호작용을 하는 등의 애프터 활동이 우리 아이들에게는 더욱 효과적인 교육이 됩니다.

　마지막으로 우리 아이들에게는 예습과 반복이 중요합니다. 다양한 책을 많이 읽는 것보다 아이가 흥미를 보이는 주제의 책을 가지고 제대로 보는 것이 중요합니다. 앞서 공부 감정에서도 이야기했듯이 경계선 지능 아이들은 수동적으로 부모가 읽어주는 책의 내용을 파악하는 것보다 스스로 예측할 수 있고, 혼자서도 읽을 수 있는 독서에 더 큰 흥미를 보입니다. 책 읽는 재미를 느끼게 되는 포인트죠. 아이에게 독서가 재미있어지고 어느새 혼자 책을 펴서 보기 시작하면 이로써 독해력의 향상은 시작되는 것입니다.

💬 [수학] 실생활에 필요한 기능 & 핵심 개념을 단단하게 잡아요

　중학교 과정의 수학은 수 개념과 기초 연산만으로 해결될 수 없습니다. 추상적 사고능력이 절대적으로 필요한 과정이기 때문에 일반적으로 수학 교과를 따라가는 데 어려움을 보이죠. 또한 생각 주머니가 크지 못해서 수학적 측면이 매우 취약할 수밖에 없습니다. 동시에 초등학교 시절 누적된 학습결손의 결과는 수학의 늪에 빠져 허우적거리게 만들죠. 그렇기에 경계선 지능 아동의 수학은 실생활의 소재를 활용한 수학 수업을 지원해주어야 하고, 이것이 교육 과정 안에서 연결될 때 더욱 효과적일 수 있습니다.

예를 들어, 물건값 계산하기를 통해 기초 연산의 학습을 할 수 있고, 물건 유통기한 확인하기 활동을 통해 날짜와 시간 개념을 훈련할 수 있죠. 이렇게 구체적이고 실제적인 접근을 했을 때 우리 아이들은 더욱 오랫동안 기억할 수 있고, 구체적인 조작물을 활용하면서 수학적 사고가 발달하게 됩니다.

이것을 위해서는 경계선 지능 아이가 현재 익히고 있는 수학적 개념과 새롭게 배워야 하는 부분을 구분해 파악하고, 개별적인 지원을 해주어야 합니다. 가정에서도 이와 관련된 부분들을 실천해볼 수 있습니다. 용돈 기입장을 작성하는 방법을 배우거나 물건 구입시 가격비교 사이트를 활용해본다면 수학을 실용적으로 접근할 수 있을 거예요.

물론, 중학교 수학 학습은 교육 과정을 바탕으로 진행되었을 때 더욱 효과적일 수 있습니다. 특히나 수학은 초등학교, 중학교, 고등학교를 거치며 교육 과정이 점차 심화하는 위계가 있습니다. 그렇기 때문에 지금 중학교에서 배우는 교육 과정에서도 초등학교에서 배우는 수학적 요소가 함께 들어있다는 것이죠.

예를 들어, 집합의 연산 단원에서는 단순히 수학적 개념을 추상적으로 접근하는 것보다 닌텐도 스위치 게임기와 플레이스테이션 게임기를 두고 이 게임을 좋아하는 사람들의 선호도는 어떨까? 라는 개념으로 접근할 수 있습니다. 또한 확률 단원에서는 로또 복권에 당첨될 확률은? 윷놀이에서 모가 나올 확률은? 등등의 접근을 통해 충분한 동기부여를 할 수 있습니다. 이렇게 교육 과정의 흐름은 동일하게 찾아가되, 그 안에서 아이에게 필요한 실생활적 영역을 고민해보면 큰 도움이 될 수 있습니다.

💬 [영어] 자연스러운 노출과 기초회화를 중심으로 아이들에게 접근해요

느린 학습자의 중학교 영어는 파닉스의 학습 여부에 따라 차이가 크게 납니다. 한글 학습도 음운인식부터 자음과 모음의 이해가 시작이듯이, 영어학습도 알파벳의 이해와 파닉스를 아는 것에서부터 시작해요. 물론 시험에는 알파벳을 쓰는 것과 파닉스를 맞추는 게 등장하지는 않아요. 하지만 모든 학습은 단단한 기초에서 힘이 나오잖아요. 우리 아이들에게는 이 기초를 잘 다지는 것이 중요합니다.

지금 우리 사회는 영어와 떨어질 수 없는 사회입니다. 길을 가다가 패스트푸드점에만 들어가려 해도 맥도날드, 케이에프씨, 맘스터치 등등 영어 간판을 마주하게 되잖아요. 또, 중학교에서는 원어민 선생님 수업이 있어요. 학교에 상주하는 특별한 외국인이기 때문에 수업 시간뿐 아니라 쉬는 시간에도 인기가 많죠. 이때 기본적인 영어 회화를 아는 친구들은 자연스럽게 영어를 사용합니다. 거창한 게 아니라 "하이" "아임 헝그리" "기브 미 캔디"와 같은 내용이죠.

원어민 선생님도 낯선 나라에서 자신의 모국어를 가르치는 것이기에 아이들에 대한 편견이 적습니다. 자신도 한국에서 어떤 면에서는 느린 학습자이기 때문에 우리 아이들이 버벅거리며 대화해도 끝까지 들어주시고 간단한 단어를 사용해서라도 대화를 이어가 주세요. 덕분에 제가 근무하고 있는 학교에서도 느린 학습자 친구들이 원어민 선생님의 방을 쉬는 시간마다 다녀온답니다.

이런 관점에서 우리 아이들에게 파닉스를 비롯한 기초회화를 자연스럽게 노출해주면 좋습니다. 흘려듣기라고 해서 단어만 나오기보다 음악과 영상을 활용해 익힐 수 있도록 도와준다든지, 길 가다가도 영어 간판을 보고 어떤 내용인지 파악해보는 방법으로 말이죠. 유창하지 않아도 간단한 영어 회화를 집에서 사용해 보는 것도 좋은 팁이 될 수 있을 거예요.

💬 [사회] 사회현상에 대한 토크 중심으로 아이와 접근해요

중학교 사회는 크게 사회 과목과 역사 과목으로 구분되어 있어요. 사회 과목에서는 지리, 정치, 경제, 법, 사회문화의 영역을 배우고, 역사 과목에서는 한국사와 세계사 영역을 공부하죠. 이때 느린 학습자 친구들에게 중요한 학습법은 배경지식의 힘을 길러주는 거예요. 사회 과목은 우리의 생활과 동떨어진 분야가 아니라 삶의 영역에 따라오는 분야거든요. 그렇기 때문에 밥 먹을 때 대화 주제로 이야기한다거나, 간단한 차 마시는 시간을 가지며 앞으로 배울 사회현상에 대한 이야기를 나누면 좋답니다. 많은 사회 개념과 용어들이 한자 표현으로 구성되어 있기 때문에 이 부분을 풀어 설명해주고, 시각적으로 보여줄 수 있으면 더욱 좋아요. 또한 유튜브에는 사회현상에 대한 사전 영상이 많이 제작되어 있답니다. 이 부분을 먼저 학습하고 수업에 임하면 학습 동기가 향상되는 것을 볼 수 있어요.

또 중학교 사회에서는 지도, 도표, 통계, 그래프, 신문 기사, 사진 등 다양한 자료에 포함된 내용을 해석하고 응용해야 한답니다. 추론적인 사고가 어려운 우리 아이들에게는 쉽지 않은 과제겠죠. 그렇기 때문에 미디어를 활용해 틈틈이 정보를 활용할 수 있도록 능력을 길러주면 좋습니다. 예를 들어, 네이버 지도를 활용해 지리 정보를 찾아본다든지, 국가정보 시스템에 접속해 통계를 살펴보는 등의 활동을 하면 흥미를 갖고 수업에 참여할 수 있습니다.

역사 과목은 시대별로 특징을 가져요. 제일 좋은 것은 주말을 활용해 문화유적지를 방문해 온몸으로 느껴보는 것이겠지만, 상황이 허락되지 않는다면 인터넷을 통해 탐색해보는 것도 좋습니다. 문화유적지를 여행하는 브이로그를 통해 함께 여행하는 기분을 만끽할 수도 있고 당시 시대 상황에 대한 분석을 시각적으로 살펴본 뒤에 학습에 임하면 훨씬 도움이 되죠. 느린 학습자라면 시간별로 순차적으로 학습하는 것이 쉽지 않기 때문에, 역사 브로마이드를 활용해 꾸준히 반복해주는 활동이 도움이 됩니다.

학교에서 흥미 있는 교과를 하나둘 발견하게 되면 학교생활이 보다 의미가 생길 거예요. 주요 교과, 비주요 교과를 나눌 것이 아니라 아이가 보이는 학습 패턴을 발견해주세요. 역사에 흥미를 느끼게 될 수도 있고, 미술이나 체육 시간에 흥미를 보일 수도 있죠. 느린 학습자 친구들은 누군가가 정해진 수업에 수동적으로 참여할 때보다 스스로가 선택한 수업에 더욱 적극적으로 참여하게 됩니다. 과학실험에 꽂힌 아이가 유튜브를 통해 사이언스 관련 전문 실험이나 넷플릭스 다큐멘터리를 찾아보는 것처럼 말이죠.

미술 과목을 좋아한다면 다양한 방법으로 표현할 기회를 제공해주시고, 체육 과목을 좋아한다면 함께 스포츠 경기 관람을 통해 아이의 아드레날린을 분출시켜주세요.

신기하게도 우리 아이들은 부진한 학습을 메워 주고자 지원할 때는 심드렁하지만, 자신이 좋아하는 내용을 충분히 학습하고 익숙하다고 느낄 때는 다른 교과에까지 집중을 할 수 있는 동기부여가 돼요.

교과별로 지식을 외우는 학습이 아니라 실생활과 연계한 경험 중심의 학습을 통해 접근한다면 어느새 행복한 학교생활을 경험하게 될 거예요.

우리 느린 아이들의 학습 스위치가 켜질 때는 친숙한 교과 내용이 등장할 때예요. 새로운 내용이 등장할 때 또래 아이들은 호기심을 가지고 집중하지만, 느린 학습자 친구들에게는 학습의 예열이 필요하죠. 수업 중 사용되는 개념어휘를 정확하게 파악하기 어렵기 때문에, 새로운 학습에 어려움을 느끼는 거예요.

그런데 미리 교과서를 한번 살펴보았거나, 이와 관련된 준비를 하고 나면 "어? 이건 내가 들어본 내용인데?" "이 수업은 내가 아는 내용이야!"라고 생각하게 돼요. 그다음부터는 학습 스위치가 켜져서 수업에 관심을 보이고, 집중력이 살아나죠. 그렇기 때문에 우리 느린 아이들에게는 복습보다는 예습에 무게중심을 더욱 두어야 해요.

이것을 도와줄 수 있는 팁은 바로 학교 알리미라는 사이트에 있어요. 학교 알리미란 매년 국가에서 초·중·고등학교의 다양한 정보를 제공하기 위해 만들어진 사이트인데요. 이 안에는 우리 아이가 다니는 학교에 대한 정보가 들어있어요. 이곳에서 교과별 학년별 교과 진도 운영 계획을 클릭하면, 중간고사 기말고사 기간이 나오고 그것에 맞춰진 진도표가 등장하게 됩니다. 우리가 필요한 내용은 이것이죠.

이 정보를 파악하셨다면 학습할 분량을 쪼개보세요. 중간고사 기말고사에 맞춰 범위를 파악하고 시험을 준비한다면 베스트겠지만, 무리하지 않는 선에서 꾸준히 해당 내용들을 예습해간다고 접근하는 편이 더욱 수월하실 거예요. 예습하는 방식도, 학교에서 공부하듯이 분량에 맞춰진 문제집을 사서 풀게 하는 것이 아니라 이번 주에 배울 내용들의 배경지식을 다양한 방식으로 경험할 수 있도록 도와주는 것을 추천해 드려요. 예를 들어, 이번 주에 배울 내용이 우리 고장 알기라면 직접 전통시장을 방문해보고, 특별한 유적지를 나들이 삼아 다녀오는 거예요. 또 요즘은 유튜브에서도 우리 지역의 특색을 잘 정리한 내용들이 있거든요. 이것을 활용해서 접근하면 아이들이 새로운 학습을 시도하는 데 있어 심리적 문턱을 낮춰줄 수 있습니다.

학교 알리미(www.schoolinfo.go.kr)

중학생 부모들의
현실 고민 솔루션

Q. 일반 학교와 대안학교 중 어디로 선택할까요?

A. 느린 아이를 키우는 부모라면 누구나 한 번쯤 고민해보는 문제가 바로 대안학교와 관련된 부분입니다. 대안학교란 학업을 중단하거나 개인적 특성에 맞는 교육을 받으려는 학생을 대상으로 개인의 소질, 적성 개발 위주의 교육 등 다양한 교육을 하는 학교를 의미하는데요. 공교육의 시스템이라는 것이 교과 위주 경쟁 위주로 흘러가다 보니, 느린 학습자 친구들은 이 시스템에 적응하기가 쉽지 않습니다. 못 알아듣는 수업 시간 몸을 비비 꼬며 버티고 앉아 있는 아이의 모습, 친구들과 어울리고 싶어 주변을 기웃기웃하지만 이내 그룹에 끼지 못하고 거절당하는 아이를 볼 때 학교라는 공간이 행복해 보이지 않아 한숨이 나오죠.

느린 학습자를 위한 학교가 생기면 얼마나 좋을까 하는 생각이 자연스럽게 듭니다. 개인적으로는 우리 아이들을 위한 대안학교를 세워보면 어떨까?, 이런 꿈도 꿔봅니다. 맞아요. 우리 아이들의 개별적인 특성이 고려되지 못한 환경에서 대안은 필요하다고 생각합니다. 이런 마음으로 대안학교를 시작한 곳이 있습니다.

체크	주소	교육과정	비고
예룸예하학교	서울특별시 노원구 동일로250길 44-47 2,3층	초 5~6학년, 중, 고	서울 위탁형 대안학교
사람사랑 나눔학교	서울특별시 영등포구 도신로 181 성지빌딩 3층 청소년과 사람사랑	초, 중, 고	서울 위탁형 대안학교
무릎 위에 학교	경기도 용인시 기흥구 흥덕중앙로 59 흥덕노블레스 7층	초, 중, 고	기독교 대안학교
이루다 학교	경기도 고양시 일산동구 일산로 449 엘지프라자	초, 중, 고, 성인	대안학교
성장학교 별	서울시 관악구 청룡동 922-20 대원빌딩 4층	중, 고, 성인	대안학교

대안학교의 장점

대안학교가 대안이 되는 이유는 분명히 있죠. 몇 가지 장점을 살펴볼게요. 첫 번째, 대안학교는 우리 아이들을 이해하고 있습니다. 우리 느린 학습자 친구들은 무엇을 가르치는가보다 어떻게 가르치는지가 더욱 중요합니다. 느린 학습자의 특성을 이해하고 있는 선생님이 가르치는 것과 이해도가 없는 선생님이 가르치는 것은 매우 차이가 큽니다. 같은 내용을 가르치더라도 아이에게 맞춰진 수업이 진행될 수 있겠죠. 그런 면에서 아이를 이해하고 있는 선생님이 계신다는 것은 큰 장점입니다.

두 번째, 대안학교에는 친구가 있습니다. 느린 학습자 친구들을 위한 대안학교에는 비슷한 수준의 친구들이 모여 있습니다. 자연스럽게 그 안에서 서로 친구가 되고, 어울려서 학교생활을 하게 되죠. 우리 아이들이 느끼는 어려움이 또래 관계의 어려움이라는 것을 생각할 때 이것은 큰 장점이 됩니다. 물론 그 안에서도 갈등은 있고, 다양한 상황의 변수는 존재하겠죠. 하지만 일반 학교에서 느끼는 이방인 같은 느낌과 같지는 않을 거예요.

세 번째, 대안학교에는 체험형 교육 과정이 있습니다. 대안학교는 교과 중심의 학교가 아닙니다. 체험 중심 경험 중심 프로젝트 중심의 교육 과정이 구성되어 있죠. 아이들이 흥미를 느끼고, 직접 만지고 경험하는 것을 통해 배워요. 그뿐만 아니라 자립을 위한 교육 과정도 함께 마련되어 있어 안전한 환경 속에서 스스로 성장하는 경험을 할 수 있습니다.

대안학교가 대안이 되지 못하는 이유도 있습니다. 몇 가지 단점을 살펴볼게요. 첫 번째, 우리 아이들은 대안적인 환경에만 살지 못합니다. 아이들이 살아가야 할 사회는 느린 학습자 친구들만 모인 공간이 아닙니다. 느린 학습자를 이해하지 못하는 팀장님도 만나야 하고요. 일반 학교에서 만났던 친구들과 사회에서 관계를 맺어야 하죠. 생각보다 우리 아이들이 살아가야 하는 현실은 만만치 않은 것이 사실입니다. 학교는 이러한 어려움을 직접 부딪쳐보고 나름의 방법을 찾아가는 공간이어야 합니다. 학교라는 울타리가 이 아이들의 경험을 안전하게 할 수 있도록 도와주죠. 대안적인 환경에서 주는 안정감이 아이를 성장시키는가? 혹은 온실 속의 화초와 같은 환경이 되어 아이가 스스로 성장할 수 있는 힘을 약하게 만드는가? 이 부분을 고민해야 합니다.

두 번째, 대안학교는 학력 인정이 되지 않습니다. 일반 학교에 소속되어 있는 상태에서 다니는 위탁형 대안학교, 공립형 대안학교가 아닌 이상 학교에 다니는 것과 동시에 검정고시를 보고, 학력 인정을 받아야 하죠. 또래 아이들에게 검정고시는 어렵지 않은 시험입니다. 하지만 우리 아이들에게는 높은 벽이죠. 기초학습 능력이 자리 잡지 못한 채로 검정고시를 통과하기란 쉽지 않습니다. 졸업장이 중요하지 않다고 생각한다면 상관없습니다. 하지만 아이의 긴 인생 속에서 이 졸업이라는 학력은 실력을 돌아보기 이전에 갖춰야 하는 기본적인 부분이 되잖아요. 취업을 위해서는 그리고 앞으로의 자립을 위해서는 꼭 필요한 부분이죠. 학력 인정이 되지 못한다는 부분은 충분한 고려가 필요한 사안입니다.

세 번째, 대안학교는 안정적인 운영이 어렵습니다. 이 부분은 모든 대안학교에 해당하는 부분이 아니니 참고만 해주세요. 대안학교 시스템이 자리 잡은 후 수많은 대안학교가 생겨나고, 사라진 이유로는 먼저 공교육과 같이 공적 지원을 받는 영역이 아니기 때문에 학비가 많이 들 수밖에 없습니다. 재원이 풍부하게 준비되어 있지 못한 경우 어려움에 빠지고 당연히 아이들을 위한 교육 과정의 운영이 흔들리게 되죠. 선생님을 채용하는 영역에서도 어려움이 생기고, 환경개선을 위한 작업도 쉽게 실행하기 어렵습니다. 이것은 대안학교 마인드가 흔들려서가 아니라 재정적인 부분 때문에 영향을 받는 것이라 생각하시면 되겠네요.

네 번째, 대안학교에 들어가기 힘들다. 대안학교라고 해서 모두가 느린 학습자를 위한 대안학교가 아닙니다. 추구하는 방향과 방침에 따라서 오히려 우리 아이들이 적응하기 어려운 대안학교가 많죠. 지금 세워진 대안학교 중 느린 학습자를 위해 포커싱이 된 학교는 많지 않습니다. 그마저도 서울과 경기 수도권에 집중되어 있죠. 자연스럽게 모든 친구가 대안학교에 입학할 수는 없습니다. 생각보다 입학을 위한 경쟁률이 높아요. 대안학교 입학을 위해 이사도 하고, 열심히 지원서도 써보지만 탈락하는 경우도 제법 있어요.

일반 학교에 보내야 하나요? 대안학교에 보내야 하나요? 답답하신 부모님들 계시죠? 부디 장단점을 고려해서 우리 아이에게 맞는 교육 과정을 선택해야 한다고 말해드리고 싶네요. 정해진 답은 없다!, 라고요. 저는 개인적으로 공교육 안에서 느린 학습자가 존중되는 교육 과정이 운영되기를 바랍니다. 각자의 속도에 맞춘 교육, 개별화된 방법으로 이루어지는 교육 과정이 더욱 중요하다고 생각해요. 동시에 이와 같은 꿈을 꾸고 있는 위탁형 대안학교들이 늘어나기를 바랍니다. 위탁형 대안학교는 아이들의 학력이 인정되고, 운영 또한 지자체에서 많은 부분 지원할 수 있는 여지가 있기 때문에 당장 학교에 적응하지 못해 자퇴를 고려하거나 힘든 친구들을 품을 수 있는 안정적인 정책이 될 수 있으니까요.

Q. 사춘기 중학생 짜증과 반항 어떻게 해야 하나요?

A. 저는 지금 중학교에서 아이들을 가르치고 있습니다. 그중에서도 제일 쉽지 않다는 중학교 2학년들을 담임하고 있죠. 왜 중2를 가장 쉽지 않다고 할까요? 맞습니다. 사춘기 때문이에요. 중학교에 입학해 아직 초등학교 태를 벗지 못한 모습이 엊그제 같은데, 중학교 2학년만 되어도 아이들은 꽤 성장하죠. 목소리도 바뀌고, 자기주장도 강해집니다. 친구들과 투덕거리는 모습도 거칠어

저요. 학교에서도 이럴진대, 집에서는 어떨까요? 느린 학습자 친구들도 사춘기를 경험합니다. 평소에는 어렵지 않게 넘어갔던 문제들도 하나하나 트집을 잡고, 반항적으로 행동하죠. 짜증을 내며 문을 쾅 닫고 들어간다든지, 고래고래 소리를 지르며 대드는 모습을 볼 때 부모는 참 당황스럽습니다. 사춘기 중학생 짜증과 반항 어떻게 해야 할까요?

우리 아이들의 사춘기를 잘 대처하려면 먼저 아이가 왜 사춘기가 되었는지를 살펴보아야 합니다. 아이들의 사춘기 키워드를 두 가지로 나눌 수 있는데 첫 번째는, 독립심입니다. 사춘기가 되면 자신이 원하는 것을 결정하고, 자신이 하고 싶은 것을 선택하고, 자신의 존재감을 인정받고 싶어 합니다. 어른으로서 대우받고 싶다는 것이죠. 생각해보면 재미있는 사실이 있어요. 아프리카 부족 마을에는 사춘기라는 단어가 없다고 해요. 왜일까요? 15세~18세가 되면 독립해서 자기 스스로 사냥도 해오고, 리더가 되어야 하거든요. 자신의 인생을 주체적으로 살아가는 것입니다. 그리고, 우리나라 독립운동을 할 때도 가장 활기차게 행동했던 세대는 바로 청소년들이었어요. 청소년기에 우리 아이들은 자신의 독립을 위해 운동을 벌이는 시기입니다.

그런데 우리 느린 아이들은 어때요? 많은 부분이 부모님 통제 속에 있습니다. "숙제해야지" "학원 가야지" "밥 먹어야지" "운동해야지" 생각보다 많은 부분에서 아이들은 지시받고 자신의 독립심을 존중받지 못해요. 부모님의 통제에 대한 반작용으로 아이들은 조금 더 거칠게 표현합니다. 과학 시간에 배운

작용과 반작용의 법칙처럼 부모의 통제가 강할수록 아이들은 더욱더 강하게 반응합니다. 특히나 감정 표현이 서투른 우리 아이들은 논리적으로 이야기하기보다 감정을 폭발시키는 것을 선택합니다. 짜증을 내고, 화를 내고, 고집을 부리죠.

아이가 원하는 사춘기의 키워드가 독립심이라는 사실을 알면 우리는 대응책을 찾기가 조금 더 쉬워져요. 독립심을 인정해주는 방법을 사용하는 것이죠. 저희 러블린 첫째 오빠도 자신의 방문을 쾅 닫고 생활한 시간이 있었어요. 아빠 엄마가 모두 아이들을 가르치는 직업을 갖고 있다 보니, 자연스럽게 통제 중심적인 분위기가 있었죠. 이때, 이 어려운 실타래를 풀어준 것은 바로 가족회의였습니다. 아이의 독립심을 인정해주고 먼저 물어보기 시작했습니다. "우리 핸드폰은 언제 할까?" "용돈은 얼마로 할까?" "어디로 여행갈까?" "스케줄은 언제가 좋겠어?"라고 아이에게 결정권을 주었습니다. 그렇게 평화가 찾아왔습니다. 아이가 변한 것도 한몫했겠지만 부모가 먼저 아이의 독립심의 욕구를 이해하기 시작하면서 실마리가 보였던 것 같아요.

우리 느린 학습자 친구들에게도 마찬가지입니다. 아이가 반항적이고 거칠게 행동할 때, 숨을 고르고 생각해보세요. "아이가 어떤 부분에 독립하고 싶은 걸까?" 생각이 정리되었다면 이 부분을 아이가 혼자 해낼 수 있도록, 혹은 혼자 결정할 수 있도록 존중해주세요. 그리고 그 마음을 읽어주세요. 느린 학습자 친구들의 특성상 내용이 논리적이지 않을 수도 있고, 의도가 명확히 드러나

지 않을 때도 있을 거예요. 이럴 때는 앞뒤 전후 상황을 정리해보세요. 잘 살펴보면 아이가 원하는 독립적인 요소가 발견될 것입니다.

아이들의 사춘기 키워드 두 번째는, 바로 이차 성징입니다. 사춘기가 시작되면 몸이 어른처럼 바뀌기 시작해요. 다양한 영역에서 성적인 성숙함이 보이기 시작하죠. 이때 우리는 어떻게 도와줄 수 있을지 다음 질문에서 살펴봅시다.

Q. 이성에 부쩍 관심을 보이는 우리 아이, 성교육은 어떻게 시작해야 하죠?

갑자기 경찰서에서 연락이 왔습니다. 놀라서 뛰어가 보니 우리 아이가 젊은 여자와 함께 있었죠. 여자는 아직도 분이 풀리지 않은 듯 화난 표정으로 우리 아이를 째려보고 있었습니다. 자초지종을 들어보니 이러했습니다.

아이가 학교를 마치고 집으로 돌아오기 위해 버스정류장에 갔는데, 아이가 보기에 예쁜 사람이 서 있던 거예요. 순간적으로 아이는 예쁜 사람을 사진으로 남기기 위해 핸드폰으로 촬영했고, 기분이 나빴던 여자는 바로 신고해버린 것이죠. 우리 아이는 지나가다 예쁜 것을 보면 꼭 사진을 남기곤 했는데, 사람도 동일한 맥락에서 촬영하고자 했던 것입니다. 무거운 경찰서 분위기와 당황한 엄마의 모습을 본 아이는 이내 고개를 푹 숙이며 풀이 죽어 있었지만, 무엇이 문제였는지는 정확히 모르는 눈치였습니다.

A. 사춘기 시기 이성에 관심을 보이고, 이차성징에 따른 변화를 경험하는 것은 매우 자연스러운 일입니다. 오히려 건강한 일이죠. 그것은 발달이 느린 우리 아이들이라고 다를 수 없어요. 그런데도 이성에 부쩍 관심을 보이는 우리 아이가 불안한 이유는 무엇일까요? 상황 파악의 어려움, 자기변호의 어려움을 가지기 때문입니다.

먼저, 우리 아이들은 자신의 감정을 숨기는 것에 익숙하지 않습니다. 나름대로 숨긴다고 하지만 의도가 금세 탄로 나죠. 이성에 대한 관심으로 보이는 행동이 상대에게 어떻게 비칠지에 대한 깊은 사고가 어렵습니다. 이러한 특성은 우리 아이들에게 큰 문제를 일으키는 요소입니다. 예를 들어, 예뻐서 이성인 친구를 쳐다본 것일 뿐인데, 쳐다보는 시선과 시간이 길어져 친구에게 불편함을 느끼게 한다든지 맘에 드는 이성 친구에게 지속해서 호감을 표현한다든지 하는 경우죠. 반대의 경우도 있습니다. 상대방의 숨은 속내를 기민하게 파악하지 못해, 불순한 의도로 접근하는 사람들에게 마음을 쉽게 주고 성적인 위험에 노출되는 경우도 있지요.

저는 이런 측면에서 우리 아이들에게 성교육은 필수고, 매우 적극적으로 접근해야 한다고 말합니다. 그렇다면 우리 아이들 성교육 어떻게 접근해야 할까요?

경계선 지능 아이들은 충동을 적절히 해결하는 방법을 알지 못하기 때문에 지속적이고 반복적인 성교육을 통해 성에 대한 자기조절능력과 표현능력을 향상할 수 있도록 도와주어야 합니다. 이러한 성교육은 보다 일찍 시작하는 것이 좋고, 동성인 부모님을 통해 자연스러운 분위기 안에서 알려주는 것이 좋습니다. 경계선 지능 아이들은 비언어적인 모습을 보고 상황과 분위기를 파악하기 때문에 자칫 너무 걱정스러운 마음에 무서운 표정을 하면서 성교육을 하면 의도와 달리 왜곡되게 받아들일 수도 있으니 참고하면 좋겠습니다.

성교육은 위기 상황에 따른 가정을 통해 접근하기보다, 성적 자기 결정권을 표현할 수 있도록 지도하는 것을 추천해 드립니다. 이성 친구에게 호감을 표현하는 적절한 방법, 그리고 이성 친구에게 지켜야 할 예절을 지도해야 하며 이러한 관심을 절제할 방법도 예를 들어 설명해주면 좋습니다.

다음으로 학교와 가정이 연계하여 성폭력 피해를 예방하기 위한 교육을 지속해서 해야 할 필요가 있습니다. 피해 예방을 위한 보호 조치가 필요한 것이죠. 경계선 지능 아이들은 성폭력에 대한 인지 대처 능력이 부족하여 성폭력의 피해자로 노출되기 쉽고, 정서상 친밀감에 따른 욕구가 많기 때문에 성폭력과 친밀감을 구분할 수 있도록 도와주어야 합니다.

전문기관의 도움을 받는 것도 하나의 방법입니다. 해바라기센터, 청소년 성 문화센터, 탁틴내일, 한국 성폭력 위기센터 등을 참고하면 좋겠습니다.

〈도움받을 수 있는 전문기관〉
해바라기센터 www.mogef.go.k
청소년 성 문화센터(지역별)

탁틴 내일 www.tacteen.net

한국 성폭력 위기 센터 www.crisis-center.or.kr

한국 성폭력 상담소 www.sisters.or.kr

💬 아이가 노는 친구들과 어울려서 이용당하는 것 같아요

학교 밖 청소년인 대찬이는 소년원에 들어가게 되었습니다. 대찬이가 소년원에 들어간 이유는 특수절도였죠. 대찬이는 특수절도를 단독으로 범행할 수 있을 정도로 담이 큰 아이가 아니었습니다. 자세히 이야기를 들어보니 역시나 이 문제는 대찬이만의 단독행동이 아니라 또래 친구들이 일으켰던 범죄였죠. 그 모든 혐의를 대찬이가 뒤집어쓰게 된 거고요. 왜 이런 문제가 일어났을까요? 함께 노는 친구들에게 있어서 어리숙한 대찬이는 친구가 아니라 이용 대상이었거든요. 지금도 우리가 보지 못하는 공간에서 대찬이처럼 가해자이면서 피해자인 친구들이 생겨나고 있습니다.

느린 학습자 친구들은 가해자의 탈을 쓴 피해자가 되기 쉽습니다. 비단, 자극적인 범죄 현장 이야기를 거론하지 않고서라도 우리 느린 학습자 친구들이 또래 친구들에게 이용당하는 장면은 자주 발견할 수 있습니다. 함께 노래방을 갔는데 노래는 한 곡도 못 부른 채로 노래방비를 대신 낸다든지, 매점에 가서 친구가 원하는 빵을 사 와 전달하는 빵셔틀을 한다든지요. 느린 학습자 친구들은 자기변호에 익숙하지 않습니다. 어리숙하여 주변 상황에서 자신의 위치가 어디쯤 되어있는지 파악하지 못하죠. 오히려 이 상황에서도 친구라는 이름으로 함께 할 수 있어 만족하는 아이를 보면 한숨이 나옵니다.

학교 밖 청소년 중에는 경계선 지능인 친구들이 많이 존재합니다. 학교에서 잘 적응하지 못하고, 일탈 행동들을 반복하다 보니 자연스럽게 학교를 그만두게 되는 것이죠. 관계에 목말라 하는 이 친구들을 노리는 무리는 어디에서나 존재합니다. 아직 다 크지도 않은 나이의 초등학생이 친구들의 지시에 아빠 카드를 훔쳐 온 동네를 돌아다니며 음식을 사주고 오는 경우도 있었고, 멀쩡한 옷을 친구에게 빌려주고 허름한 옷으로 바꿔 입고 들어오는 아이도 상담해 보았죠. 어른들의 눈이 닿지 않는 영역에서 우리 아이들은 위기 상황에 노출되곤 합니다.

그럼 이 아이들을 무리에서 안전하게 지켜내려면 어떻게 해야 할까요? 먼저, 친구 관계에서의 동등함을 알려주고 이에 대해서 모델링을 보여줄 필요가 있습니다. 네가 맛있는 음식을 친구에게 사주었다면, 친구도 너에게 사줄 수 있어야 하는 거야. 네가 실수해 미안하다고 용서를 구할 수도 있지만, 네가 불편했다면 친구에게 사과를 꼭 받아야 하는 거야. 등등 친구 관계에서 일어나는 일들을 보다 구체적으로 알려주어 지금 내가 당하고 있는 사건들이 부당한 것이라는 사실을 인식할 수 있도록 해야 합니다.

다음으로, 도움을 요청하는 방법을 알려주어야 합니다. 대체로 이런 어려움을 당하는 아이들을 관찰하다 보면 공통적인 부분을 발견하는데, 어떻게 도움을 요청해야 하는지도 모르고, 도움을 요청할 수 있는 어른도 없다는 것입니다. 부모님에게 말하지도 못하고, 선생님에게도 이야기하지 못해 혼자 끙끙거립니다. 모든 게 자기 잘못 같아 보이거든요. 혼났던 기억은 많은데 안전하게 보호받은 경험은 많지 않아 어려운 것입니다. 우리의 관심이 머물러야 하는 이유입니다. 우리 느린 아이들에게는 누구보다 안전한 어른이 필요합니다. 문제를 마음 놓고 이야기할 상담자가 필요합니다. 서툴러도 "도와주세요!"라고 말해보는 경험이 필요합니다.

마지막으로, 문제를 발견하는 즉시 적극적으로 대처해주세요. 아이가 이용당하는 상황은 또래 관계가 이미 깨어져 있는 상태를 의미합니다. 잘 해결될 수 있겠지, 알아서 잘할 수 있을 거야. 라는 안이한 생각은 더 큰 문제를 일으키은 원인이 됩니다. 또래 아이에게 이용당하는 것 같은 낌새가 보일 때부터 부모는 개입을 주저하지 말아야 합니다. 관계를 즉시 멈추고, 아이에게 새로운 배움의 시기로 삼아주세요. 왜 지금 상황이 문제가 되는지 그리고 이런 상황이 반복될 때는 어떻게 대처해야 하는지, 누구에게 도움을 요청할 수 있는지 등을 항목화해 가르쳐주어야 합니다.

Q. 학교생활기록부는 무엇인가요?

A. 학교생활기록부는 우리 아이의 학교생활을 담고 있는 보고서라고 생각하면 됩니다. 아이가 학습한 교과 활동과 창의적 체험활동에서 어떤 모습을 보였는지, 어떤 성취를 이루었는지를 평가하는 내용이 들어가 있답니다. 학교생활기록부 안에는 크게 학생의 기본사항, 교과 학습 발달상황, 비교과 활동 내용, 행동 특성 및 종합의견이 들어가는데요. 하나씩 살펴볼게요.

첫 번째로, 학생 기본사항입니다. 아이의 이름, 주소, 출신학교 등을 담은 인적 사항이 기록되고요. 언제 졸업했고, 언제 입학했는지 학적사항이 나오죠. 그다음에는 출결사항이 나오는데요. 사유에 따라 질병 미인정 기타로 구분되어 있고, 결석을 비롯한 지각, 조퇴, 결과는 내신성적 산출 시 점수화 되어 나온답니다. 마지막으로 수상 경력인데요. 중학교 생활 동안 대회에서 상을 받았다거나, 표창장을 받은 경우 내용이 기재가 됩니다.

두 번째로, 교과 학습 발달 상황입니다. 교과목과 성적이 나오고 학생이 어느 정도의 성취를 이루었는지 절대평가가 이루어지죠. 핵심은 세부능력 및 특기사항의 기록인데요. 이 안에 교과에서 보인 성취나, 학생이 학교생활에서 보인 성장 과정을 구체적으로 작성할 수 있어요. 각 교과 선생님마다 수업 시간 내에 아이를 관찰한 내용을 바탕으로 적어주는 것이기 때문에 아이의 학교생활을 전반적으로 들여다볼 수 있답니다.

　세 번째로, 비교과 활동인데요. 창의적 체험활동 상황 그리고 자유 학기 활동 상황 마지막으로 독서 활동 상황이 들어갑니다. 창의적 체험활동 안에도 자율활동, 동아리 활동, 봉사활동, 진로활동 등이 기록되는데 대체로 학교 안에서 진행하고 있는 프로그램이 작성되고 그 안에서 특기사항이 기록된다고 보시면 돼요. 자유 학기 활동 상황도 비슷하게 작성이 되고요. 독서활동 상황에서는 학생이 읽은 책의 목록이 작성되는데, 느린 학습자 친구들은 쉬운 말로 제공된 책부터 시작해 점차 글밥이 있는 책으로 넘어가면서 독서지도를 해주는 것이 유익합니다.

　마지막으로 행동 특성 및 종합의견인데요. 담임 선생님께서 반 아이를 수시로 관찰해서 누가기록(累加記錄)합니다. 이것 안에서 학생의 학교생활과 행동 특성이 기록되겠죠. 이를 바탕으로 일 년의 학교생활을 종합해 종합의견으로 마무리가 됩니다.

　학교생활기록부는 학생의 학교생활을 기록하는 보고서이기도 하고 고등학교 입시에도 점수로 환산되어 반영되기 때문에 잘 준비해야 할 필요가 있어요. 학년을 마무리할 때 보면 학교생활기록부를 꼼꼼하게 관리한 친구들과 그렇지 않은 친구들의 편차가 눈에 띄게 보인답니다. 그러니 학교생활기록부 미리미리 잘 관리해두는 것이 필요하겠죠?

Q. 개별화교육회의는 무엇인가요?

A. 이번 답변은 특수교육대상자로 학교에 다니는 느린 학습자 친구들을 위한 내용입니다. 장애인 등에 대한 특수교육법에는 개학 후 14일 이내에 개별화지원팀을 구성하게 되어 있어요. 특별한 교육적 필요가 있는 특교자 친구들을 위해 실제적인 지원방안을 마련하라는 제도죠. 이 팀 안에는 관리자(교장.교감샘), 특수교사, 원반 담임교사, 특수교육 지원 담당 인력, 보건 쌤 등등 우리 아이를 둘러싼 학교 구성원들이 모이게 돼요. 여기에 학부모님을 모시고, 매 학기 1회 이상 개별화 지원교육회의를 하게 되죠. 지금은 코로나 상황이라 다양한 형태로 진행하는 것으로 알고 있는데, 간담회 형식으로 모든 부모님이 모이는 방식(대면 혹은 비대면), 개별적인 시간에 맞춰 회의를 진행하는 방식도 있습니다.

개별화 교육지원 회의는 왜 필요할까요?

특수교육의 꽃은 개별화 교육입니다. 특별한 교육적 필요를 파악하고 이에 알맞은 지원을 하기 위해 구성되는 것이죠. 그렇기 때문에 한 아이를 둘러싼 학교 구성원들이 모여 통합교육의 효과적 운영을 논의하기도 하고, 아이 정보를 공유하기도 하죠. 아이의 특성에 맞게 목표를 세우고 어떻게 학교생활을 지원할지 협의합니다. 그뿐만 아니라 특수학급에서 진행될 교육 과정 그리고 학교 내에서 지원될 특수교육지원서비스 원적 학급(원반)에서 이루어지는 교육활동에 대한 전반적 방향을 논의하실 수 있습니다.

개별화 교육지원 회의는 어떻게 진행되나요?

개별화 교육지원 회의는 학교마다 형태와 진행방식이 다소 다를 수 있지만 대략적인 흐름을 알려드릴게요. 먼저 관리자가 학교에서 아이들을 어떻게 바라보는지를 이야기 해줍니다. 그리고 특수교사가 한 학기 동안 진행될 학급 운영에 대해 이야기해주죠. 그 후에 몇 가지 논의사항 및 운영사항에 대한 부모님의 의견을 듣습니다. 특수학급에서 이런 지원이 있었으면 좋겠다든지 혹은 원반에서 우리 아이를 소외되지 않도록 돌봐주시면 좋겠다는 의견부터 활동보조 선생님은 어떻게 지원이 되고 실무사의 배치는 어떻게 되는지 등등의 이야기를 나누죠. 이렇게 어느 정도 회의가 마무리되면 담임 선생님, 특수교사, 부모님이 함께 면담을 하거나 상담합니다.

부모님들에게 개별화 교육지원 회의가 중요한 이유는요?

개별화 교육지원 회의는 우리 아이를 중심으로 한 교육적 지원을 이야기하는 곳입니다. 특히나 3월 초 진행되는 1차 회의에 경우에는 아이 상태가 정확히 파악되지 못한 상태이기 때문에 부모님께서 아이 정보를 얼마나 나누어주는가에 따라 효과가 달라집니다. 이런 상황이 처음이라 당황해서, 혹은 우리 아이가 얼마만큼 수용되는지 몰라 안절부절못해서 그냥 그 자리에 있다가 돌아 오는 경우가 있는데 이때 멘탈(정신)을 꽉 잡고, 요구할 부분은 요구하고 협의할 부분은 협의해야 해요. 그것이 아이를 위한 길이에요. 선생님들도 많은 이야기를 듣길 원합니다. 물론, 모든 요구가 다 반영되는 것은 아닙니다. 학교 상황과 여건에 맞춰진 최선의 결정이 내려져요.

그런데 이렇게 알려드리면 또 전투력을 높여서 투쟁적인 마음으로 회의에 참여하실까 봐 노파심이 들기도 합니다. 학교와 선생님은 함께 협력할 대상이지 싸울 대상이 아니랍니다. 사람과 사람 사이에 관계는 무엇보다 중요하잖아요. 선생님의 인격 마인드 성향 혹은 앞선 경험 등등으로 인해 안심이 되실 수도 걱정이 되는 상황이 분명히 있겠지만, 신뢰를 보여주시면 더욱 신경 써 주는 것은 인지상정입니다.

그런 의미에서 개별화 교육지원 회의에 꼭 참여하길 권하고 싶어요. 마주해야 답이 나오고, 머리를 맞대면 더 좋은 길이 보입니다.

개별화교육지원회의에 어떻게 참여하면 좋을까요?

저는 이 회의를 잘 활용하셔야 한다고 생각해요. 먼저 궁금한 것 마음껏 질문하고 필요한 부분들 꼭 말하고 오시라고 하고 싶어요. 아이 특성과 필요한 내용들이 있다면 주저 말고 정보를 주세요. 물론 이런저런 문제가 있어요. 라는 방식보다는 이런저런 도움을 받으면 훨씬 성장할 수 있을 것 같아요, 라고 말하면 좋아요. 또, 가정에서는 이런저런 것에 관심을 갖고 도와주고 있습니다. 이런 방향으로 아이를 지도하고 있습니다. 혹여나 가정에서 함께 협력할 부분이 있다면 언제든 말씀해주세요. 라고 소통한다면 선생님과 부모님이 좋은 협력관계를 구축하실 수 있을 거라 생각해요. 아이를 학교에 보내면 의지할 수 있는 어른은 담임 선생님, 특수선생님이잖아요.

또, 아이가 스스로 할 수 있는 기회를 많이 제공해달라고 부탁드리세요. 학교에서 아이들은 스스로 해낼 때 성장합니다. 수업 시간표를 보고 자신의 교과서를 챙기는 것처럼 아이 스스로 할 수 있는 것이 많아질 때 학교에 더 잘 적응할 수 있습니다.

개별화 교육지원이라는 말처럼 우리 아이의 특성이 정확하게 파악되고, 적절한 목표를 세웠을 때 효과가 높습니다. 특수교사에게뿐 아니라 담임 선생님과의 면담 시간 동안 아이에 대한 정보를 잘 전해주세요. 이를 위해서는 우리 아이의 특성을 알고 필요가 무엇인지 먼저 고민해보셔야겠죠? 예를 들어, 또래 도우미를 요청한다든지 동아리를 고를 때 아이가 흥미 있는 분야(미술, 체육, 컴퓨터)를 신청해주시면 좋겠다고 부탁드려보세요. 특별한 장기(수영, 디스크골프, e스포츠)가 있다면 관련 대회에 참가시켜달라고 하는 것도 좋아요. 특수학급 안에서는 다양한 활동들이 있습니다. 제가 있는 중학교에는 정기적인 성교육, 현장 체험학습, 진로 교육 등등이 있어요. 이런 부분들에 대한 격려와 기대를 표현해 주시면 훈훈하게 마무리되지 않을까 싶습니다.

제 이야기를 들으며 "내가 경험한 거랑은 완전 딴판이네?" "너무 이상적인 거 아니야?" "나는 상처 엄청나게 받고 왔는데…." 하고 생각하실 수 있어요. 저도 부모로서 상담할 때 그런 차가운 분위기를 느낀 적도 참 많고요. 부모의 기대와 달리 형식적인 회의 모습이나 이해가 부족한 선생님들 때문에 상처받았던 경험도 있을 거예요. 그런데도 이렇게 알려드리는 이유가 있습니다. 우리 아이의 변화는 드라마틱하게 이루어질 수 없지만, 아이를 둘러싼 시선과 환경은 변화되면 변화될수록 우리 아이에게 행복한 학교생활을 만들어줄 수 있기 때문이에요. 이 길을 뚜벅뚜벅 걷다 보면 어느새 우리 아이의 성장에 중요한 인생 선생님을 만나시게 될 거예요.

💬 학교 폭력 어떻게 처리해야 할까요?

학교 폭력이란 학교에서 발생한 폭력적인 사건들을 이야기합니다. 느린 아이를 학교에 보내는 부모님들의 가장 큰 염려이자 고민이죠. 이 안에는 언어폭력, 금품 갈취, 강요, 따돌림, 성폭력, 사이버 폭력 등이 해당하죠. 아무리 사소한 괴롭힘이나 장난이라고 여기는 행위도 그 경중과 상관없이 피해가 발생했다면 이것은 학교 폭력이 될 수 있고, 학교 폭력위원회가 열리게 됩니다.

안타깝게도 우리 느린 아이들은 이러한 학교 폭력에 굉장히 취약한 모습을 보입니다. 관계에 목마른 우리 아이들에게 슬쩍 다가가 친구가 되어주는 척하면서 빵셔틀을 시킨다든지, 대놓고 무시하는 분위기를 주도해 학급 안에서 약자로 만들어 버린다든지, 아이를 꼬드겨 문제를 일으켜 놓고 모든 죄를 뒤집어씌운다든지 등 굉장히 다양한 사례들 속에 느린 아이들이 피해자가 되는 경우를 보았습니다.

그뿐만 아니라 상황 파악과 자기변호가 적절하게 이루어지지 못해 부당한 행동에 저항했을 뿐인데 어느새 가해자가 되어버려 있고, 사회적 상황을 인지하지 못한 채 시비에 휘말려 어려움을 겪는 사안도 경험해보았죠. 결론적으로 우리 아이들이 학교 폭력에 매우 취약하다는 것을 알 수 있습니다.

그럼 우리는 학교 폭력에 어떻게 대처해야 할까요? 먼저는 이러한 안타까운 일들이 벌어지지 않도록 예방하는 것이 중요하고, 발생한 사안에서는 최대한 우리 아이가 보호받으며 안전하게 처리될 수 있도록 해야 합니다.

첫 번째, 학교 폭력은 예방이 우선입니다

학교 폭력은 우리가 아이에 대한 관심이 소홀해질 즈음에 발생하는 경향이 있습니다. 부모와의 안정적인 관계 속에서 원활한 대화가 이루어지는 경우에는 이러한 학교 폭력 사안을 파악하기가 쉽습니다. 아이의 상황과 상태를 면밀히 관찰할 수 있기 때문이죠. 또한 구체적인 상황을 설명해줌으로써 어떠한 형태의 폭력도 허용될 수 없음을 아이에게 구체적으로 알려준다면 예방이 될 수 있습니다. 그뿐만 아니라 아이의 특성을 파악하고 충돌이나 돌발적인 상황이 예상되는 아이라면 담임 선생님과의 상담을 통해 미리 대비책을 세워두는 것이 좋습니다.

두 번째, 학교 폭력은 발생 즉시 조처해야 합니다

아이가 피해를 호소하고 명확한 피해가 확인되었을 때 우리는 아이의 최전방에 서서 방패막이가 되어주어야 합니다. 몇몇 사례에서는 아이 기질이 예민해서, 혹은 인지적 왜곡으로 인한 오해가 잦은 상황에서 지나치게 대응해 어려움을 겪은 경우도 발생합니다. 하지만, 그보다 먼저 우리 아이를 보호하는 것이 중요합니다. 그리고 이것은 아이에게 정확한 메시지로 전달될 필요가 있습니다. "엄마 아빠는 너의 편이야. 어떤 일에서도 너를 보호할 거야" 학교 폭력으로 인한 피해 당시도 문제지만 실은 학교 폭력 이후 심리적인 어려움이 더 큰 어려움입니다. 이때 지지해주는 부모가 있고, 앞서 싸워 보호해주는 부모가 있다는 것을 안다면 아이들은 금세 안정을 찾을 것입니다.

세 번째, 학교 폭력은 추후 지도가 중요합니다

아이들이 학교 폭력을 당하고 있음에도 섣불리 이야기하지 못하는 것은 바로 보복 때문입니다. 부모에게는 대수롭지 않은 이야기라고 할지라도, 아이들은 그것이 매우 큰 불안으로 다가옵니다. 그렇기 때문에 학폭이 발생한 이후 아이의 상태를 면밀히 살피고, 더 이상 가해 학생이 아이에게 다가오지 않도록 조치해야 합니다.

학교 폭력이 발생하고 학교 폭력위원회를 소집하는 즉시 담당 학생부 부장님이 사건을 처리하고, 그 과정은 상세하게 부모님께 안내가 될 것입니다. 학교 폭력의 사안 처리는 교육부 매뉴얼 대로 이루어지기 때문에 교육부에서 만든 《학교 폭력 사안 처리 가이드북》(2022 재개정)을 확인하면 도움이 될 거예요. 또한 도란도란 사이트에서도 해당 정보를 얻을 수 있고, 학교 폭력과 관련한 다양한 예방 영상이 제작되어 있으니 이것을 활용해 우리 아이에게 교육하는 것도 한 가지의 방법이 될 수 있습니다. 다음 쪽에 준비한 체크리스트로 학교 폭력과 사이버 폭력의 징후를 점검하는 것도 도움이 됩니다.

도란도란(doran.edunet.net)

학교 폭력 피해학생의 징후

징후
늦잠을 자거나, 몸이 아프다며 학교 가기를 꺼린다.
성적이 갑자기 혹은 서서히 떨어진다.
안색이 안 좋고 평소보다 기운이 없다.
학교생활 및 친구관계에 대한 대화에 예민한 반응을 보인다.
아프다는 핑계 또는 특별한 사유 없이 조퇴하는 횟수가 많아진다.
갑자기 짜증이 많아지고 가족이나 주변 사람들에게 폭력적인 행동을 한다.
멍하게 있고, 무엇인가에 집중하지 못한다.
밖에 나가는 것을 힘들어하고, 집에만 있으려고 한다.
쉽게 잠에 들지 못하거나 화장실에 자주 간다.
학교나 학원을 옮기는 것에 대한 이야기를 꺼낸다.
용돈을 평소보다 많이 달라고 하거나 스마트폰 요금이 많이 부과된다.
갑자기 급식을 먹지 않으려고 한다.
수련회, 봉사활동 등 단체 활동에 참여하지 않으려고 한다.
작은 자극에 쉽게 놀란다.

사이버 폭력 피해학생의 징후

	징후
	불안한 기색으로 정보통신기기를 자주 확인하고 민감하게 반응한다.
	단체 채팅방에서 집단에게 혼자만 반복적으로 심리적 공격을 당한다.
	용돈을 무리하게 요구하거나 인터넷 사용요금이 지나치게 많이 나온다.
	부모가 자신의 정보통신기기를 만지거나 보는 것을 극도로 싫어하고 민감하게 반응한다.
	문자메시지나 메신저를 본 후에 당황하거나 정서적으로 괴로워 보인다.
	사이버상에서 이름보다는 비하성 별명이나 욕으로 호칭되거나 야유나 험담이 올라온다.
	SNS의 상태글귀나 사진 분위기가 우울하거나 부정적으로 바뀐다.
	컴퓨터 혹은 정보통신기기를 사용하는 시간이 지나치게 많다.
	잘 모르는 사람들이 자녀의 이야기나 소문을 알고 있다.
	자녀가 SNS계정을 탈퇴하거나 아이디가 없다.

Q. 게임 중독과 스마트폰 중독에서 벗어나게 하고 싶어요

중학교 2학년 진철이는 코로나 19로 인해 외부 활동이 줄어들면서 자연스럽게 게임하는 시간이 길어졌어요. 학교생활에 쉽사리 의욕을 보이지 못했던 진철이는 온라인게임 '로블록스' 안에서만큼은 인싸입니다. 오랜 시간이 필요한 레벨업도 단숨에 하고, 게임을 통해 만난 멤버들과도 활발하게 소통하죠. 이 모습을 지켜보는 엄마는 아이가 스마트폰과 게임에 중독되어 버린 건 아닐까 고민합니다. "매일같이 게임 문제로 아이와 다투고 있어 머리가 아플 지경"이라고 상담을 요청하셨어요.

A. 중독이란 특정 행동이 건강과 학교생활에 해가 될 것임을 알면서도 반복적으로 하고 싶은 욕구가 생기는 집착적 강박을 의미합니다. 중독의 특성은 그것에 집착하여 다른 생활을 돌보지 않는다는 것인데, 코로나19로 외부 활동이 준 학생들이 집에서 스마트폰이나 게임을 이용하는 시간이 길어지면서 많은 학부모가 걱정을 하고 있죠. 여성가족부가 발표한 2021 청소년 인터넷 스마트폰 이용 습관 진단조사 결과 전체 스마트폰 과의존 청소년들이 증가하고 있다고 발표했습니다. 구체적으로 살펴보면 인터넷이나 스마트폰 중 하나 이상에서 과의존 위험군으로 진단된 청소년은 127만 명 중 22만 8천 명이나 해당이

된다고 합니다. 이것은 지난해에 비해 13%가 증가한 수치라고 하네요. 게임 중독은 따로 조사하지 않았으나 이 역시도 많은 아이에게 과의존 현상이 나타나고 있다고 생각합니다.

이중 느린 학습자는 회피적 요소로 중독에 빠지는 경우가 많이 있습니다. 현실 속에서 경험하는 긴장과 스트레스를 회피하는 방법으로 게임과 스마트폰을 사용하다 보니 어느새 끊을 수 없는 지경에 이르는 것이죠. 이런 경우에는 단순히 중독으로 인한 어려움뿐만 아니라 사회생활의 단절, 이후에는 은둔형 외톨이로 연결될 수 있는 어려움을 나타냅니다. 그렇다면 우리는 어떻게 이 중독에서 벗어나도록 도와줄 수 있을까요?

첫 번째로, 아이의 욕구를 이해해주세요

아이들은 관계에 대한 목마름과 과제 회피를 위해 게임에 몰두합니다. 게임에서는 즉각적인 보상이 이루어지고 자신에 대한 어떤 편견이 직접적으로 다가오지 않아 수용적인 환경처럼 느껴지거든요. 그리고 게임에서는 별다른 노력을 하지 않아도 된다는 생각이 있습니다. 이때 우리는 맹목적으로 아이를 다그쳐 게임을 멈추게 할 것이 아니라 관계에 대한 목마름을 해결할 수 있는 길로 안내해주어야 합니다. 아이들이 게임하는 것에 즐거움을 느끼는 것은 맞지만, 게임에서만 즐거움을 누리는 것은 또 아닙니다. 아이와 함께 보낼 수 있는 시간을 계획하여 둘만의 여행을 다녀온다던가 우리 가족의 추억 쌓기 미션을 수행해보는 것도 도움이 됩니다. 부모와의 관계가 친밀해지면 친밀해질수록 아이들은 외부의 환경에서 더욱 보호될 수 있습니다.

두 번째로, 아이가 몰입할 수 있는 대체활동을 제시해주세요.

게임에만 몰두하던 아이가 기타라는 악기를 접한 후 기타연주를 위해 시간을 내기 시작했습니다. 이것은 단순히 아이의 취미가 확장된 것을 넘어서 아이가 혼자 게임하는 시간을 대체하는 것으로 이해해야 합니다. 즉 기타라는 악기를 다루는 동안에는 게임에만 빠져있는 시간을 뺏어줄 수 있죠. 이 대체 활동은 땀을 흘리는 운동이 될 수도 있고, 맛집을 탐방하는 맛집 로드도 될 수 있답니다. 우리 아이에게 대체활동을 제시해 주세요.

세 번째로, 환경에 변화를 주세요

환경을 바꿔주는 것은 아이가 게임 중독에서 벗어날 수 있도록 하는 좋은 방법입니다. 아이 방안에만 있는 컴퓨터에는 유혹 거리가 확실히 많겠죠. 아이의 컴퓨터를 거실에다가 옮겨놓는 것도 하나의 방법이 될 수 있습니다. 이때 아이의 게임을 제한하는 것으로만 접근하지 말고 차차 줄여나갈 수 있도록 행동 계약을 맺는 것도 하나의 방법입니다.

심각한 중독은 부모님의 관심만으로 해결되지 않는 경우가 많습니다. 이 중독이 방치되었을 때 되돌릴 수 없는 문제를 야기할 수 있기 때문에 전문기관의 도움을 받는 것도 좋은 방법입니다. 여성가족부는 한국청소년상담복지개발원과 전국 청소년 상담복지센터를 통해 상담, 병원 치료, 기숙 치유프로그램 등 맞춤형 서비스를 제공합니다. 치유 서비스 관련해서는 1388을 통해 상담받아 보실 수 있고, 온라인으로는 사이버상담 센터를 이용하실 수 있어요. 그뿐만 아니라 인터넷 차단 환경에서의 치유가 필요한 청소년에게는 가족 치유캠프도 지원합니다. 국립청소년인터넷드림마을에서 상담과 체험활동 등을 제공하니 이와 관련된 지원을 잘 활용하셨으면 좋겠습니다.

6장

중등 생활이
즐거워지는 미션 활동

💬 특별실 탐험 스탬프 놀이

이 놀이의 일차적 목표는 학교생활 속 의미 있는 장소 만들기에 있습니다. 부모님 대부분은 학교생활이라고 하면 교실 수업 장면을 많이 떠올립니다. 우리 아이들 역시 일반화와 확장성에 어려움을 갖기 때문에 쉽게 새로운 환경을 탐색하지 않죠. 그러나 학교라는 공간은 교실뿐 아니라 다양한 특별실이 존재합니다. 이곳에서는 학습을 떠나 의미 있는 시간을 보낼 기회들을 얻을 수 있어요. 학교 내 존재하는 다양한 특별실을 탐색하는 기회를 함께 만들어보세요.

활동 방법

1. 학교 내 특별실 찾기 지도를 만듭니다.
2. 특별실 안에서 이루어지는 활동을 이야기합니다.

3. 장소마다 할 수 있는 미션을 정합니다.

예) 도서관에서 책 대여하기, 보건실에서 밴드 빌려 붙여오기, 상담실에서 상담신청하고 오기 등

4. 스탬프를 모두 찍어오면 상을 줍니다.

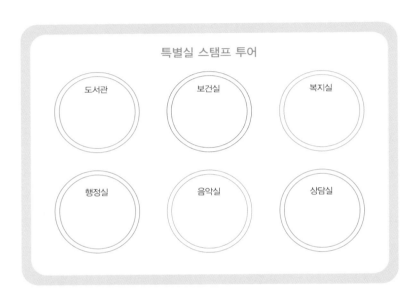

특별실 스탬프 투어

| 도서관 | 보건실 | 복지실 |
| 행정실 | 음악실 | 상담실 |

💬 다꾸를 통한 생활계획 세우기

다꾸라고 아세요? 다꾸는 다이어리 꾸미기의 줄임말로 우리 세대에도 한참 유행했던 장르였는데, 요즘 아이들도 이 다이어리 꾸미기에 열광하고 있답니

다. 이전과 다른 점은 다이어리에 자체보다는 '꾸미기'에 중심이 있다는 거예요. 팬시점이나 인스(인쇄소 스티커)를 활용해 다이어리를 나름대로 예쁘게 꾸미는 건데요. 이 아이디어를 활용해 경계선 지능 아이들이 자신의 스케줄을 관리하는 자기관리 역량과 자신이 원하는 스티커를 활용해 다양하게 꾸밀 수 있는 여가생활 향상에 도움을 줄 수 있어요.

중학교부터는 자신이 좋아하는 다이어리에 중요한 사항들을 적어올 수 있는 기록장으로도 활용할 수 있는 장점이 있습니다. 경계선 지능 아동에게 다이어리를 제공하고 막연히 계획을 세우고 내용을 꾸미라고 한다면 접근하기가 쉽지 않습니다. 다이어리 공간에 필요한 영역들을 구분해 주고, 꾸미는 영역들도 미리 제시해 준 후 이것이 성공 경험으로 이루어지게 해주세요. 이후에 구조화된 부분들을 자유롭게 해주는 것이 도움이 됩니다.

활동 방법

1. 팬시점에 가서 아이가 선택한 다이어리를 구입합니다.
2. 아이가 좋아하는 캐릭터 혹은 취향에 맞는 스티커를 고릅니다. 내용이 쓰여 있는 스티커를 추천합니다.
3. 다이어리 안에 필수로 들어가야 하는 항목을 미리 구조화 시킵니다.
4. 학교 안에서 있는 생활 정보들을 채워 넣고, 스티커로 예쁘게 꾸밉니다.
5. 다이어리 안에 학교에서 얻는 정보를 채워 넣어 오기 미션을 진행합니다.

가족 독서통장 만들기

느린 학습자 친구들에게 독서는 지루하고 힘든 영역일 수 있습니다. 어휘력이 부족하고, 이해력이 높지 않을뿐더러 주의 집중력이 부족해 책을 앉아서 끝까지 읽기도 힘듭니다. 그래서 읽기 시작한 지 얼마 안 되어 싫은 내색을 보입니다. 그러나 독서는 느린 학습자 친구들에게 꼭 필요합니다. 포기하지 않고 독서가 습관이 되도록 도와주어야 해요. 독서는 느린 학습자들 성장의 기초가 되어 주거든요.

독서는 단순히 읽기 능력 향상에만 도움을 주는 것이 아니라 인지, 정서, 사회성에 대한 자극을 제공합니다. 독서를 통해 어휘력이 확장되고, 읽는 기쁨을 얻죠. 그뿐만 아니라 또래들과 함께 대화할 수 있는 소재가 늘어나 사회적인 대화가 가능하게 합니다.

느린 학습자를 위한 쉬운 책을 출판하고 있는 회사 '피치마켓' 함의영 대표는 독서를 통해 정보의 불평등을 해소할 수 있다고 말합니다. 느린 학습자가 이해하기 쉬운 텍스트를 사용하고, 생활연령에 맞는 실제 이슈를 다루는 책을 제공할 때, 독서의 즐거움을 경험하게 된다는 것이죠. 이것은 또다시 정보를 획득하는 결과를 낳고 이것이 반복되다 보면 어느새 독서 습관이 자리하게 돼요. 그래서 피치마켓에서는 다양한 분야의 고전을 쉬운 말로 재해석해 출판하고, 사회 이슈를 담은 피치서가를 정기적으로 발행하고 있습니다.

우리 부모님들도 이미 독서의 유익성은 충분히 알고 계실 거라 생각해요. 문제는 동기부여가 되지 않아 꼼짝달싹도 안 하는 아이를 어떻게 움직이게 할 것인가겠죠. 느린 아이의 독서 습관은 우연히 생기지 않습니다. 부모님을 비롯한 가족의 노력이 필수적이죠. 아이 혼자 책을 읽게 하고 스스로 독서록을 작성하게 하는 것보단 가족이 함께 책을 읽고, 서로의 생각을 이야기할 수 있는 환경을 구성하면 훨씬 도움이 돼요. 함께 계획을 세우고 다양한 활동을 통해 책 내용을 기억할 수 있도록 자극해주세요. 이후, 우리가 함께 읽은 책들을 독서통장으로 만들어 기록하게 한다면 아이들에게 큰 동기부여가 될 것입니다. 거기에 추가로 가족 통장을 만들어 쌓이는 적립금까지 눈앞에 보여준다면 보다 의욕적인 독서환경이 만들어지지 않을까요? 그런 면에서 가족 독서통장 만들기 활동을 추천합니다.

활동 방법

1. 아이와 함께 가족 독서 계획표를 만듭니다.

2. 함께 책을 읽은 후 다양한 방법으로 독서 애프터 활동을 합니다. (책 표지 그림그리기, 독서 OX 퀴즈 맞추기, 주인공에게 편지 쓰기 등)

3. 독서 애프터 활동을 완성하면 가족 독서 통장에 내용을 기록합니다.

4. 카카오톡 독서통장에 실제 금액을 적립합니다. (내용은 책 제목으로)

5. 일정 금액이 모이면 외식하거나, 아이가 선택한 물건을 구입하면서 파티를 엽니다.

💬 봉사활동으로 의미 있는 생활기록부 만들기

봉사활동은 나눔과 배려를 실천하고 환경 보존 활동 등을 실천하는 활동이랍니다. 봉사활동은 특별한 기술이 필요한 것이 아니죠. 시간이 있고, 마음이 있으면 생각보다 주변에 많은 기회를 얻을 수 있답니다. 제가 가르쳤던 제자 중 한 명은 주말마다 아버지를 좇아 봉사활동 미션을 하는 것이 일과였어요.

졸업을 앞두고 봉사활동 단체에서 표창장을 받게 되었는데, 뿌듯하게 상장을 안고 있는 모습을 보니 제게도 미소가 번지더군요. 교과 학습 우수상은 어려울지 모르나, 봉사활동 우수상은 노려볼만하지 않을까요?

　개인 봉사활동은 실적 연계 사이트를 이용하는 것이 보다 간단합니다. 행정안전부에서 운영하는 1365 자원봉사 포털을 활용할 수도 있고, 보건복지부에서 운영하는 사회복지 봉사활동 인정관리에서 인정한 기관도 있으며, 여성가족부에서 운영하는 청소년 봉사활동 포털에서 인정한 기관도 있지요. 이러한 사이트를 검색한 후 봉사활동을 신청해 활동하고 봉사활동 확인서를 교육정보 시스템으로 전송하면 됩니다.
　중학교부터는 봉사활동 시간이 내신 성적으로 환산되기 때문에 봉사 활동 시간과 내신 성적도 함께 챙길 수 있는 효과를 누리면 좋을 거예요.

봉사활동 사이트

[행정안전부] 1365 자원봉사포털 www.1365.go.kr
[보건복지부] 사회복지 봉사활동 인정관리 www.vms.or.kr
[여성가족부] 청소년봉사활동 포털 www.youth.go.kr

PART 5

느린 학습자의
고등학교 생활

고등학교
입학 준비 가이드

우리 느린 아이들의 고등학교 입학 고민해보셨나요? 고등학교는 중학교와는 또 다른 영역으로의 진입입니다. 중학교까지는 부모님이 학습적인 부분들부터 생활 부분까지도 포기하지 않도록 함께 뛰어주는 러닝메이트 역할이 중요해요. 준비물 하나, 수업 하나 놓치지 않도록 챙겨주셔야 하죠. 그런데 고등학교는 이제 하나하나 스스로 할 수 있는 영역을 독립시켜주는 것이 필요해요. 자기 결정 기술과 자립 기술을 얼마나 익히느냐에 따라 사회에 나가 살아가는 삶의 질이 달라지거든요. 그래서 이제 우리 부모님의 역할은 안전한 울타리가 되어주는 거예요. 지금 다 큰 아이를 키우는 부모님들에게도 어린아이를 키우는 우리 부모님들에게도 도움이 되기를 바랍니다.

고등학교는 초등학교 중학교와는 달리 다양한 선택지가 있어요. 고등학교는 유형에 따라 선택해 지원해야 하고 같은 고등학교 유형이라고 하더라도 교육 과정 특성이 달라서 고려할 것이 참 많죠. 특별히 올해부터는 고교학점제가 시범 실시되면서 이러한 선택의 고민을 더 하고 있는데요. 우리 아이들이 선택해야 할 고등학교의 유형에는 어떤 게 있을까요?

고등학교 유형은 크게 인문계고, 특성화고, 특수학교, 특목고&자사고가 있지요. 그중에 우리 아이들과 밀접한 연결고리는 인문계고, 특성화고, 특수학교일 거예요. 특수학교는 앞 챕터에서 다루었기 때문에 인문계고, 특성화고를 중심으로 살펴볼게요.

인문계고등학교

인문계고등학교는 대학입시를 준비하는 친구들이 모이기 때문에 부모님들이 학교 환경이나 분위기가 안전할 것 같다는 기대감으로 선호하는 경우가 많으세요. 인문계 고등학교는 평준화 지역과 비평준화 지역으로 나뉘어요. 평준화 지역은 지금 중학교 배정처럼 같은 학군 혹은 지역 내에서 추첨을 통해 배정되기 때문에 내신 성적에 상관없이 인문계 고등학교에 배정될 수 있죠. 반면에 비평준화 지역은 내신성적에 따라서 차등 지원하게 됩니다. 대학입시를 목적으로 하는 친구들이 경쟁을 통해 입학하는 것이기 때문에 당연히 우리 느린 아이들은 문턱을 넘기가 쉽지 않겠죠. 그런데도 방법이 없는 것은 아닙니다. 특수교육대상자에게는 내신성적과 상관없이 특수교육지원센터에서 선정 및 배치를 해줄 수 있거든요. 단, 중학교까지 특수교육대상자라고 하더라도 심의에 따라 탈락할 수도 있습니다.

특성화고등학교

특성화고등학교는 특정 분야의 인재와 전문 직업인 양성을 위한 교육 과정을 운영하는 학교에요. 농고, 상고, 공고 등을 의미하죠. 이곳은 인문계와 달리 취업 중심입니다. 전공 교과 70%, 일반 교과 30% 비율로 운영하기 때문에 취업을 위하거나 아이의 흥미가 분명한 분들이 선택하게 됩니다. 실제로, 자연 친화적인 느린 학습자 친구를 위해 농고에 진학시켜 성공적으로 적응한 케이스도 있고, 중학교에서는 성적과 친구 관계가 좋지 않았지만 IT와 관련된 장점을 보여 이와 관련된 특성화 고등학교에 진학시켜 취업까지 성공한 케이스도 있어요. 이때 기억하셔야 할 팁은, 인문계고와는 반대인데요. 만일 아이가 특수교육 대상 학생이라면 특성화고 내에 특수학급이 있는지 확인해보셔야 합니다. 특수학급이 없는 특성화고등학교에서는 특수교육 대상 학생이 지원하지 못하는 경우가 종종 있더라고요. 안타까운 부분이죠.

학교 유형을 살펴보았다면 우리 아이에게 어떤 고등학교 유형이 알맞은지 알아봐야 하는데요. 이것을 위해서는 고교학점제를 이해할 필요가 있어요.

2장

느린 학습자가
맞이해야 할 고교학점제

저출산의 영향과 4차 산업 시대의 도래는 학교 교육에 다양한 시사점을 남겨주었습니다. 익숙했던 수많은 직업이 사라지거나 완전히 새로운 직업이 등장한 것입니다. 요구되는 인재상도 백과사전처럼 정보를 얼마나 많이 알고 있는가에서, 변화하는 환경에 맞춰 지속해서 성장하는 사람인가, 로 바뀌었습니다. 즉, 쏟아져 나오는 다양한 정보를 취합하고 재구성해서 나에게 맞는 정보를 활용할 줄 아는 것이 중요해진 것이죠. 또한, 다양한 학습의 모양과 속도를 존중하고, 학생 스스로가 경쟁보다는 자신의 성장을 위해 공부할 수 있도록 도움으로써 더 이상 학교에서 잠들어 있는 학생이 없도록 하고자 하는 것이 이번 고교학점제의 시작입니다. 그렇기에 느린 학습자 친구들에게 있어 고교학점제는 또 하나의 기회이자, 새로운 방향성이라고 생각하면 좋겠네요.

💬 고교학점제의 개념과 특징은 무엇인가요?

고교학점제는 몇몇 인문계 고등학교, 전체 특성화 고등학교에서 시범 실시되고 2025년부터 전면 시행됩니다. 변화의 폭이 매우 커서 교육 과정의 패러다임이 바뀌었다고 평가받고 있습니다. 부모님들이 다니던 학창 시절의 교육 과정과는 매우 달라졌기 때문에 고교학점제가 무엇인지 잘 아는 것이 중요해요. 고교학점제에서 학생은 진로에 따라 다양한 과목을 선택, 이수하고 이수한 학점이 192학점이 되면 졸업을 인정받습니다. 대학교에서 학점을 이수하는 방식이 고등학교 안으로 들어오게 된 거죠. 아이들은 자신의 진로와 적성, 흥미에 따라 자신만의 시간표를 만들게 됩니다.

고교학점제의 특징을 이야기한다면, 먼저 학습자 중심의 프로그램입니다. 이전에는 교과목 선생님의 일방적인 교육 과정이 중심이었다면 고교학점제에서는 학생이 원하는 수업을 선택하고 이수할 수 있는 길이 열립니다. 1학년 때는 '공통과목'을 먼저 공부하고, 이후에는 자신이 선택하는 과목을 듣게 되죠. 학생들은 자신이 선택한 과목을 공부하기 위해 교실을 옮겨 수업을 듣거나, 다른 학교에서 원하는 과목을 듣기도 하고, 온라인으로 수강할 수도 있게 됩니다.

평가 방식도 변합니다. 앞서 언급했듯이 고교학점제 안에서는 결과 중심의 평가가 아니라 과정 중심의 평가를 중요하게 생각합니다. 그렇기 때문에 기존에 성적순으로 한 줄 세우기에 급급한 서열화된 입시 중심 평가에서 아이들의 개개인 성장을 주시하는 평가로서 절대평가 방식을 활용하게 돼요.

마지막으로 진로 진학 교육을 강조합니다. 기존에 배웠던 일반교과만이 아니라 아이들의 적성과 진로에 맞춰 세밀한 과목과 강좌가 개설되고 필요에 따라 다른 학교에서 수업을 들을 수도 있어요. 우리 아이들이 이것을 스스로 선택해서 이수해야 하는 것이죠. 그럼 과목을 선택하는 기준은 무엇이 될까요? 네 맞습니다. 아이의 적성과 진로가 기준이 됩니다. 그렇기 때문에 중학교 자유학년제부터 진로를 탐색하고 로드맵을 꾸려야 합니다.

아직 특수교육대상자는 어떻게 적용할지 연구 중이라고는 하는데, 기본 골자는 바뀌지 않으니 아이의 진로 탐색과 진로 선택에 도움을 줄 수 있는 학교를 선택하는 게 중요하겠죠. 예를 들어, 미술을 좋아하는 친구라면 미술 중점 학교에 지원하는 게 좋고요. 손기술이 좋은 친구라면 기술 관련 강좌가 열리는 곳이 좋아요. 책 읽기를 좋아하는 친구라면 인문학 강좌가 열리는 자리가 좋고. 자연을 좋아하는 친구라면 이런 체험이 열리는 곳이 좋겠죠. 아직 시범 실시되기 때문에 이것은 조금 더 지켜보아야겠습니다.

💬 고교학점제의 장단점은 무엇인가요?

느린 학습자 친구들에게 고교학점제는 기회이자 위기가 공존하는 교육 과정입니다. 기회인 부분을 생각해본다면, 단연 평가방식의 변화를 꼽을 수 있습니다. 기존의 경쟁 중심의 결과 중심 평가에서는 우리 아이들이 설 자리가 없었습니다. 획일화된 교육안에서 인지적 특성의 차이와 속도의 다름은 존중받기 어려웠죠. 그러나 고교학점제에서는 아이의 성장을 중심으로 평가가 진행되기 때문에 다양한 특성과 속도가 존중받을 수 있습니다.

다음으로, 진로 진학 중심의 선택교과는 우리 아이들의 진로와 적성에 맞춰 자신이 원하는 과목을 들을 수 있다는 점에서 기회가 됩니다. 아이들마다 가지고 있는 특성이 다른 만큼 발휘할 수 있는 역량도 차이가 있습니다. 그림에 소질이 있는 아이가 있을 수 있고, 피아노에 소질이 있는 친구가 있을 수 있죠. 그뿐만 아니라 IT에 감각이 있는 친구도 있을 거예요. 이런 각자의 장점을 바탕으로 수업을 선택할 수 있기 때문에 동기부여가 확실하고 의미 있는 수업을 받을 여지가 마련되었습니다.

하지만, 우리 아이들에게 고교학점제는 또 다른 위기가 될 수도 있습니다. 먼저, 명확한 플랜과 자기주장 없이 아이들에게 인기 없는 강의에 내몰릴 염려가 있지요. 이미 또래 아이들은 자신의 진학과 연결된 포트폴리오를 구성하고 그 안에서 필요한 내용들을 선택 취사하는 반면 이러한 준비와 고려가 없는 아이들에게는 무늬만 다른 또 하나의 획일화된 교육이 되겠죠. 특히나 경계선 지능 아이들의 특성상 자기주장과 선택에 소극적인 우리 아이들에게는 치명적입니다.

다음으로, 미이수할 위기입니다. 이전에는 성실하게 학교를 출석하는 것만으로 졸업 기준이 충족되었다면 이제는 강의를 이수할 수 있으려면 일정 부분의 성적을 충족시켜야만 하는 것이죠. 이러한 관점에서 경계선 지능 아이들에게 더 잔혹한 평가방식이 되지 않을까 하는 걱정이 앞섭니다.

Q. 고교학점제를 어떻게 준비해야 할까요?

A.우리에게는 고교학점제를 위기가 아닌 기회로 삼을 수 있는 준비가 필요합니다. 먼저 자기 주도성의 능력을 향상해주어야 합니다. 우리 느린 아이들은 부모의 염려와 불안도가 높아 대부분 수동적인 교육을 받아왔습니다. 하나를 선택하더라도 부모의 눈치를 살피고, 실수하지 않을까 노심초사하며 머뭇거리는 경우가 많은 것이죠.

자신의 미래를 자기 주도적으로 선택할 수 있는 힘은 한순간에 생기지 않습니다. 아이스크림 전문점에서 내가 먹고 싶은 아이스크림을 선택할 기회, 내가 배우고 싶은 영역을 선택할 수 있는 능력 이것이 차곡차곡 쌓였을 때 비로소 능력이 계발됩니다.

다음으로 우리 아이의 진로 로드맵을 구성해야 합니다. 경계선 지능 아이들도 또래 친구들과 마찬가지로 자신의 진로를 고민하게 되는데, 이 부분이 구체적으로 열매를 맺으려면 부모와 교사의 도움과 지원이 필요합니다.

진로 로드맵을 구성하기 위해 먼저 아이의 강점, 약점, 흥미 등을 파악해주세요. 학업 영역에서는 적절한 성공을 거두지 못하는 경우가 많지만 흥미를 가진 분야에서는 좋은 성과를 내는 친구들도 분명 많이 있거든요. 한국장애인고용공단에서 제공하는 그림 직업흥미검사를 활용해 아이의 특성과 연결된 직업 유형을 파악하고, 커리어넷에서 제공하는 직업 정보를 꼼꼼히 체크하며 우리 아이의 적성에 맞는 직업군을 추려낼 수 있을 거예요.

나아가 진로 로드맵을 온전히 완성하려면, 직업에 대한 긍정적인 태도와 자립 의지를 향상하는 훈련까지 계획해야 합니다. 실제로 경계선 지능 아이를 고용하고 있는 대표님들과 대화를 하다 보면 경계선 지능 아이에게 바라는 것은 뛰어난 기능이 아니라 안정된 정서와 자기효능감이라고 말합니다. 안정된 정서와 자기효능감은 새로운 직무를 배울 때 도전할 수 있는 긍정적인 태도를 만들어주고, 함께 일하는 동료들과의 커뮤니케이션을 원활하게 만들 수 있는 요소라고 판단하는 것이죠. 실제로 느린 학습자 친구들은 이러한 체계적인 진로 로드맵을 바탕으로 지도했을 때 그렇지 않은 친구들보다 훨씬 높은 취업률과 직업 만족도를 얻습니다.

이러한 진로 로드맵을 갖추었다면 이제 이와 관련된 강의를 신청하는 것이 중요합니다. 고교학점제는 학생이 진로에 따라 다양한 과목을 선택하고, 개설을 요청할 수도 있기 때문에 진로와 적성에 맞는 과목들이 개설되어 있는지 우리 아이가 이 수업을 통해서 어떤 직업능력을 향상할 수 있을 것인지에 대한 방향성을 갖춘다면 큰 도움이 될 것입니다.

고등학교
자립 생활 가이드

💬 **자립생활에 필요한 핵심역량을 훈련해요**

2015년 개정된 교육 과정은 이전과 다른 획기적인 패러다임의 변화를 가져왔습니다. 2022년 개정 교육 과정 안에서도 미래 사회 역량 함양을 무엇보다 강조하고 있습니다. 우리 느린 학습자 친구들에게는 굉장히 환영할 만한 변화입니다. 실제적 능력을 배울 기회가 제공되고 개개인의 성장을 중심에 두기 때문에 개별적인 평가가 가능하게 돼요. 단순히 지식을 많이 아는 것이 똑똑함의 기준이 아니라 이 지식을 활용해서 어떤 결과를 만들어 낼 수 있는 힘! 즉, 역량을 가지는 것이 똑똑함의 기준이 된 것입니다. 개정 교육 과정에서 제시하는 핵심 역량은 총 6가지입니다.

자기관리 역량	자아정체성과 자신감을 가지고 자기 삶과 진로에 필요한 기초 능력과 자질을 갖추어 자기 주도적으로 살아가는 역량
지식정보처리 역량	문제를 합리적으로 해결하기 위하여 다양한 영역의 지식과 정보를 처리하고 활용하는 역량
창의적 사고 역량	폭넓은 기초 지식을 바탕으로 다양한 전문 분야의 지식, 기술, 경험을 융합적으로 활용하여 새로운 것을 창출하는 역량
심미적 감성 역량	인간에 대한 공감적 이해와 문화적 감수성을 바탕으로 삶의 의미와 가치를 발견하고 향유하는 역량
의사소통 역량	다양한 상황에서 자기 생각과 감정을 효과적으로 표현하고 다른 사람의 의견을 경청하며 존중하는 역량
공동체 역량	지역, 국가, 세계 공동체의 구성원에게 요구되는 가치와 태도를 가지고 공동체 발전에 적극적으로 참여하는 역량

우리 느린 학습자 친구들에게는 제시된 핵심 역량을 바탕으로 자립생활 능력을 향상할 필요가 있습니다. 각 영역이 우리 아이들이 사회 안에서 하나의 구성원이 되어 각자의 삶을 살아가기 위해서 필요한 필수 요소이기 때문입니다.

💬 자기 결정 기술이 필요해요

"행복하고 존엄한 삶은 내가 결정하는 삶이다." 현존하는 독일 최고의 철학

석학인 페터 비에리는 《자기 결정》(은행나무. 2015)이라는 책에서 인간의 존엄한 삶에 대해 스스로가 결정하는 삶이라고 말합니다. 따지고 보면 우리는 이 세상에 태어난 이후로 결정을 내리며 살아갑니다. 중요한 결정뿐 아니라 사소한 일상에서도 끊임없이 선택하며 살아가죠. 무엇을 먹을지, 어떤 유튜브를 볼지, 어디로 여행을 갈지, 오늘은 무얼 할지 등 다양한 선택 상황에서 나름대로 결정을 내립니다. 요즘은 밸런스 게임이라고 해서 서로 대치되는 두 개의 선택지를 놓고 어떤 결정을 하는지 관찰합니다. 대체로 문제는 어이가 없거나 난감한데, 결정을 내리는 사람은 매우 신중해져 버려서 웃음이 나오죠.

그런데 우리 느린 학습자 친구들은 일상의 사소한 선택에서도 결정할 기회를 잃어버립니다. 아이가 잘못된 선택을 할까봐 불안해서 주변 사람들이 먼저 결정을 내려버리기 때문이죠. 그러나 우리 아이들에게도 주장하고, 선택하고, 자신의 판단 아래에서 결정하는 능력은 매우 중요합니다. 누구도 우리 아이들의 인생을 결정하거나 대신 살아줄 수 없기 때문이에요. 페터 비에리는 책에서 "타고난 인생은 결정 못 해도 어떻게 살지는 스스로 결정할 수 있다"라고 표현하는데 저는 이것이 우리 아이들에게 꼭 적용되어야 할 내용이라고 생각해요. 비록 느린 학습자라는 고유한 특성은 자신들이 결정한 것이 아니지만, 그 특성 안에서 살아가는 모습은 충분히 결정해 나갈 수 있는 아이들이잖아요.

우리는 아이들에게 자기결정의 기회를 제공함으로써 성장의 길로 안내해야 합니다. 자기결정 기술을 갖춘 사람일수록 성인기에 훨씬 더 가치 있고 중요한 성과를 거두기 때문이죠. 실제로 자기 결정력이 높은 학생들이 자기 결정력이 낮은 학생들보다 성인기가 되었을 때 2배 더 고용되고, 시간당 버는 금액이 더욱 크다는 연구 결과가 있습니다. 그뿐만 아니라 자기 결정력이 높은 아이들은 기본적으로 삶의 질이 만족스럽습니다. 스스로가 선택한 길이기 때문에 책임감도 강하지요. 결국 자기 결정권은 행복한 삶의 문을 여는 열쇠와 같습니다.

그럼 우리 아이들이 익혀야 할 자기결정 기술에는 어떤 것이 있을까요? 자기결정 기술로는 가벼운 일상에서 선택하는 능력, 중요한 의사를 표현할 때 자기 생각을 표현할 수 있는 의사결정 능력, 자기 능력을 객관적으로 파악해서 필요한 내용을 선택할 수 있는 자기관찰과 자기평가 능력 등이 있습니다.

먼저, 일상생활 활동에 관련한 내용으로 접근해보세요. 예를 들어, 마트에서 원하는 간식을 선택하는 것, 식사 메뉴를 정하는 것, 하고 싶은 취미 선택하기 등이 해당하겠죠. 이때 너무 광범위한 선택지보다 구체적인 선택지를 제공하는 것입니다. 네가 먹고 싶은 음식을 골라보라고 이야기하기보단, 오늘은 중국 음식을 먹을 예정인데 무얼 먹고 싶니?, 라고 이야기하면 선택이 훨씬 수월합니다. 마트에서 원하는 간식을 선택할 때도 아이스크림이나 과자로 한정해주면 선택지가 줄어들어 어렵지 않게 선택할 수 있어요. 또한 학습할 때도 "소리 내어 읽는 게 편할까? 아니면 눈으로 읽는 게 좋으니?"라고 선택지를 제공해 주면 아이의 자기결정 능력이 향상될 수 있습니다.

다음으로, 이 과정이 익숙해지면 자기 삶의 방식을 선택할 수 있도록 도와주어야 합니다. 자신의 목표를 정하고, 내가 할 수 있는 분야와 어려운 분야를 파악해보고, 각자의 결과들 속에서 내가 얻을 수 있는 유익을 계산해 보는 것이죠. 그러면서 합리적인 판단을 할 수 있도록 도와주는 것입니다. 예를 들어, 학교 동아리를 선택하는 경우 내가 좋아하는 영역이 음악인지 체육인지 그림 그리기인지를 판단해보고, 이것과 관련한 동아리를 선택합니다. 또한, 고교학점제에 있는 수업 관련해서도 내가 원하는 직업군은 어떤 것인지 이것을 위해서는 어떤 수업을 듣는 게 유리한 지를 판단해 선택하는 것이죠.

자기 결정 기술은 단번에 만들어지지 않습니다. 삶의 태도이고, 충분한 기회 속에서 시행착오를 겪으며 갖춰지게 되죠. 무엇보다 구조화되고 안전한 가이드라인 안에서 선택하는 것이 바람직합니다. 울타리 없는 자기 결정은 수동적인 선택만큼이나 위험하죠. 우연히 이 기술을 익히게 두는 것이 아니라 안전한 상태에서 훈련될 수 있도록 안내해주는 것을 잊지 말아야 합니다. 그 과정에서 우리 아이들은 자기 삶을 스스로 결정해 나가는 멋진 어른으로 성장하게 됩니다.

느린아이들은 고등학교에 진학하는 동시에 취업 준비를 해 나가야 합니다. 학교라는 안전한 울타리를 벗어나는 순간 우리 아이들은 곧장 사회인의 역할을 요구받게 되거든요. 아이만의 속도를 기다려주지 않는 냉혹한 현실 앞에서 당황하지 않으려면 보다 일찍 아이의 미래를 설계하고 준비할 필요가 있습니다. 그렇다면 우리는 아이의 취업을 위해서 무엇을 준비해야 할까요?

첫 번째, 아이의 강점과 특성을 파악해야 합니다

우리는 아이가 지금까지 우리에게 보여주었던 수많은 신호들을 정리할 필요가 있습니다. 아이에 대해 적어놓은 기록을 읽거나, 아이와 함께했던 활동을 기억하면서 어떤 장면 속에서 아이가 행복해했는지를 찾아보세요. 그리고 아이와 관련된 평가 기록, 선생님들의 의견, 진로·직업 관련 검사 보고서 등 여러 가지 자료 등을 참고해 아이에 대한 객관적인 기초 자료를 만들어보세요. 어떻게 해야 할지 막막하다면 다음의 질문들을 따라 적어보는 것도 도움이 될 것입니다.

어떤 활동을 할 때 가장 행복해 보이는가?

어떤 특정 과제에서 능력을 발휘했는가?

직업과 관련한 특정 프로젝트에 참여해본 경험이 있는가? 어떤 장점을 보였는가?

다른 일과 비교해 특히 독립적으로 잘 할 수 있는 일이 있는가?

아이가 가진 재능과 기술에는 어떤 것이 있는가?

아이의 강점은 어떤 직업과 연결될 수 있는가?

아이가 어리다면 지금부터 이 프로파일을 잘 준비해두시면 좋아요. 복지관이나 센터에서 보내주는 검사 결과와 피드백도 꼼꼼히 정리해두시고요. 학교에서 제공하는 개별화 계획서도 차곡차곡 쌓아두세요. 물론 부모님의 관찰일기나 장단점을 기록한 내용들은 다음에 엄청난 도움이 되죠.

두 번째, 아이의 객관적인 장점과 특성과 관련한 직업군을 추려보세요

세상에는 생각보다 많은 직업이 있고, 지금도 새로운 직업은 탄생하고 있습니다. 우리가 경험해본 직업이나 알고 있는 직업에서 벗어나 가능한 많은 직업군을 탐색해보면 좋습니다. 이를 위해서는 진로 정보망 커리어넷 활용을 추천합니다. 예를 들어, 동물을 사랑하며 책임감을 갖고 동물을 돌보는 장점을 가진 친구라면 농장, 사육장, 애완동물 상점, 동물병원, 애완동물 미용실에서 일할 수 있고, 학습 능력이 우수하다면 관련 학교에 진학해 수의사나 연구원 같은 일을 직업군으로 생각해볼 수 있겠죠.

아이의 인생에서 우리는 안내자가 되어 주어야지 결정권자가 되면 안 됩니다. 아이가 막연함 속에서 단순하게 선택하지 않도록 가이드라인을 제시하되 아이의 미래는 스스로가 고민해 볼 수 있도록 해주세요. 이것이 결국 취업에서도 또 하나의 필요한 능력이 되기도 하니까요. 직업을 갖는 것이 어떤 의미인지, 아이가 지금까지 보여준 모습 속에서 가진 장점은 어떤 것인지, 아이가 원하는 직업은 어떤 것인지 파악해보세요. 때로는 생각조차 못 했던 직업이 나올 수도 있습니다. 이 부분도 충분히 고려하면서 상의해보세요.

가정, 학교, 지역사회에서 취업을 위해 준비해야 할 훈련과 지원을 파악하고, 이와 관련된 계획을 세워보세요. 자격증을 획득해야 하는 경우도 있고, 관련 직업군에서 실습이 필요한 경우도 있습니다. 지자체에서 진행하는 과정이나 직업훈련센터에서 진행하는 훈련과정도 유익합니다.

한 친구는 요리 자격증을 따기 위해 여러 번의 자격증 시험을 치렀습니다. 많은 사람이 한 번에 시험으로 자격증을 땄지만, 이 친구는 10번의 도전 끝에 자격증을 획득했습니다. 물론 이 과정이 순탄한 것만은 아니었습니다. "난 왜 안 되지?" 좌절하기도 하고, 하기 싫다고 멈춘 기간도 있었죠. 그러나 끝까지 도전해 결국 원하는 결과를 이루었습니다. 고등학생이었을 때 말이죠. 이 과정은 아이에게 자격증뿐만 아니라 나도 할 수 있다는 자신감을 선물로 주었습니다.

물론, 아이가 열심히 취업을 준비했지만 결과가 나오지 않을 수도 있습니다. 또 아이의 진로가 순간 바뀌어 지금까지 노력했던 것들이 허무하게 사라져버릴 수도 있죠. 그런데도 아이의 취업을 준비해야 하는 이유는 이 과정들 속에서 부모는 아이를 향한 꿈과 기대감을 가지고 양육할 수 있는 동기를 부여받고, 스스로 미래를 개척해가는 주인공으로 설 기회를 얻기 때문입니다. 우리 아이들에게는 결과보다 과정 안에서 더욱 많은 것을 얻습니다. 그 밑바탕이 새로운 도전을 할 수 있는 용기를 주죠. 오늘 당장 아이의 취업을 위해 고민해 보면 어떨까요?

자립생활을 중심으로 교육 과정을 활용해요

느린 학습자의 자립생활 준비는 전 생애적으로 이루어져야 하지만, 고등학교에서는 보다 실제적으로 다가갈 필요가 있습니다. 더 이상 우리 아이들의 목표가 학교 수업 따라가기에만 맞춰져 있으면 안 됩니다. 우리 아이들이 사회 안에서 자신의 직업을 가지고, 독립되어 살아가기를 꿈꾸신다면, 지금부터라도 자립생활을 목표로 삼고 훈련해 나가야 합니다.

자립생활을 위해 필요한 교육내용은 무엇이 있을까요? 우리 아이들이 사회에서 자신의 역할을 다하고 독립적으로 생활하려면 일상생활에서, 사람과의 관계에서, 직업적인 영역에서 자신의 역량을 발휘해야 합니다. 물론 이것은 단번에 이루어질 수 있는 부분이 아니고 반복하며 훈련해 갖춰나가야 할 부분이겠죠. 하나하나씩 살펴보겠습니다.

첫 번째, 일상생활입니다

일상생활의 영역 안에서 자립을 위해 필요한 교육은 먹고, 마시고, 생활하는 모든 것을 망라합니다. 돈을 관리할 수 있어야 하고, 음식을 구입해 스스로 만들어 먹을 수 있어야 하며, 계절에 알맞은 옷을 구입해 입을 수도 있어야겠죠. 돈을 다룬다는 것은 굉장히 큰 책임감의 시작이고 이것을 관리한다는 것은 높은 자기통제가 필요한 영역입니다. 적절한 용돈을 제공해 원하는 물건과 필요한 내용을 구입하는데 계획을 세울 수 있도록 도와주세요. 그리고 이 내용을 기록해 점검할 수 있도록 하는 것도 중요합니다.

또한, 음식을 스스로 만들어 먹을 수 있도록 도와주세요. 인터넷을 통해 먹고 싶은 음식의 레시피를 찾아 마트에서 재료를 구입하고, 조리도구를 활용해 음식을 만드는 것을 훈련합니다. 요리에는 불을 다루거나, 칼과 같은 위험한 도구를 사용하기 때문에 능숙해지기 전까지는 빵칼이나 정수기 등 대체 용품을 활용하면 좋습니다.

다음으로, 일상생활의 영역에서는 자기관리를 배워야 합니다. 청결함을 유지할 수 있도록 샤워하고, 자기 외모를 꾸밀 수 있도록 훈련해주세요. 계절에 알맞은 옷을 입는다든지, 상황에 맞는 의복을 찾는 것도 중요합니다.

마지막으로, 여가생활을 준비해야 합니다. 행복한 생활의 근본은 자신이 원하는 삶을 즐기는 것에 있겠죠. 가족과 보드게임을 한다든지, 지하철을 타고 원하는 곳에 여행을 다녀온다든지, 연극을 보거나 영화를 감상하는 것도 아이들의 행복한 삶을 위해 꼭 필요한 영역입니다.

두 번째, 사회적 관계에 대한 부분입니다

우리는 혼자 살아갈 수 없습니다. 누군가와 관계를 맺으며 살아가고, 우리를 둘러싼 지역사회와 연계하여 살아가야 하죠. 우리 아이들에게 사회적 관계를 이루도록 도와주는 것은 아주 중요한 미션입니다. 먼저, 내가 아닌 타인에게 관심을 가져야 합니다. 그들의 이야기를 듣고 반응하며 친밀한 대인관계를 형성해야 하죠. 특히나 사회적 관계를 맺는 것이 굉장히 서툴기 때문에 이와 관련한 내용들을 꾸준히 다룰 필요가 있습니다. 자신의 요구를 적절하게 하는 것부터 시작해 상대방이 보이는 언어적, 비언어적인 반응을 적절하게 해석할 수 있도록 도와주어야 합니다. 이를 위해서 역할극을 통해 상황에 맞는 대처법을 훈련하는 것도 큰 도움이 됩니다.

다음으로, 아이들 둘러싼 지역사회 기관을 활용하는 방법을 알려주세요. 도서관, 복지관, 동사무소, 교회, 동호회 등 아이가 살아가면서 필요한 사회적 기관 및 공동체를 활용할 기회를 제공해주세요. 이용할 수 있는 사회적 기관이 늘어날수록 아이들은 더욱 풍요로운 삶을 살아갈 수 있습니다.

세 번째, 직업적 기술입니다

결국 우리 아이들의 독립은 경제적 독립으로 완성됩니다. 자신의 직업을 가지고 경제활동을 하며 살아갈 때 진정한 독립이 시작되는 것이죠. 아이가 스스로 노동을 통한 대가를 받는다? 상상만 해도 기분 좋으시죠? 그래서 적절한 진로 로드맵이 필요합니다. 성공적인 직업 및 독립생활을 위해서는 정확한 아이의 능력을 파악하는 것과 직업의 직무분석을 통해 필요한 기능을 훈련해야 합니다. 직업 영역 실습프로그램을 활용하거나 직업 체험 훈련을 통해 준비하면 더욱 좋겠죠?

이와 같은 자립생활의 훈련은 부모님이 직접 가르치는 것도 좋으나 학교를 비롯한 지역사회 유관기관을 활용하여 준비하는 것이 효과적입니다. 서울시에서 세운 경계선 지능인 평생교육센터, 지역사회 종합사회복지관, 느린 학습자 시민회, 부모자조모임 등 가용할 수 있는 자원들과 충분한 연계를 통해 지도하기를 추천합니다.

💬 여가문화 활동을 해요

여가문화는 우리 아이들의 삶을 풍요롭게 만들어줍니다. 느린 학습자는 여가문화 활동에 참여함으로써 신체적 건강, 독립성, 지역사회 통합이 자연스럽게 이루어질 수 있으며 적극적인 삶의 태도를 배우게 됩니다. 지역사회 적응능력도 향상되고 다양한 기술과 자기 결정을 증진 시킬 수 있습니다. 그렇다면 우리 아이들이 여가문화를 즐길 수 있도록 도와주려면 어떻게 해야 할까요?

첫 번째, 방과 후 활동을 활용하세요

고등학교에서는 다양한 방과후 학교가 진행됩니다. 학습 지원을 위한 방과 후 활동도 있지만, 여가문화를 경험할 수 있는 방과 후 활동을 추천합니다. 스포츠 활동, 문화예술 활동, 특기·적성 프로그램 등을 활용해 다양한 여가 활동을 경험할 수 있고, 이것과 연계해 애프터 활동을 계획해볼 수 있겠죠. 스포츠 활동은 스포츠 경기 관람으로, 문화예술 활동 후 작품 전시 감상으로, 특기·적성 프로그램 후 이와 관련된 동호회 가입 등을 통해서 함께 연계 지도를 할 수 있습니다.

두 번째, 지역사회 여가 자원과 유관기관을 활용하세요

우리 아이들은 일반화에 어려움을 보이지만, 반복을 통해 익숙해지면 스스로 잘 활용할 수 있게 됩니다. 그렇기 때문에 직접 아이가 이용할 수 있는 지역 사회 내 여가 자원을 활용해보세요. 근처 도서관을 이용해 책을 읽고 온다든지, 근처 영화관에 가서 보고 싶은 영화를 보고 온다든지, 스포츠센터에 가입해 운동하고 오는 식이죠. 경험해보는 만큼 성장하는 우리 아이들을 위해 다양한 장소를 경험시켜 주세요.

세 번째, 여가문화 활동을 통해 관계를 만들어요

여가문화 활동도 다른 영역과 마찬가지로 관계의 중요성이 큽니다. 느린 학습자는 또래와의 관계 형성의 어려움을 갖는 경우가 많이 있잖아요. 이러한 부분은 의사소통의 미숙함도 있지만 공유할 수 있는 콘텐츠의 부재 때문일 수도 있습니다. 여가문화 생활은 공통의 관심사를 기본 전제로 하기 때문에 이와 관련한 관계를 맺기가 수월하죠.

요즘은 다양한 문화 속에서 이런 소그룹이 유행처럼 번지고 있습니다. 달리기 동호회, 산악 동호회, 아카펠라 동호회 등 굉장히 다양한 영역에 포함되어 있죠. 느린 학습자를 위한 쉬운 말 책을 출판하는 '피치마켓'에서는 당사자들이 북토크를 통해서 모임을 구성하기도 하고, 동대문 종합사회복지관에서는 느린 학습자 청년들이 주축이 되어 '엘르'라는 모임을 구성하고 있죠. 더욱 의미가 있는 것은 이곳에 운영 주체가 모두 느린 학습자 당사자라는 것입니다.

느린 학습자에게 있어 여가 활동의 참여는 신체적 건강과 독립성이 높아지고, 사회적 상호작용의 경험이 늘어나며, 생활 속에서 사회성 기술을 향상하게 되는 등의 긍정적인 효과가 있습니다. 무엇보다 자기 삶을 더욱 즐겁고 풍요롭게 만드는 요소라는 점에서 꼭 갖춰야 할 영역이라고 할 수 있습니다.

고등학생 부모들의
현실 고민 솔루션

Q. 특수교육 대상자를 위한 전공과는 어떤 곳인가요?

A. 전공과라는 단어가 아직 낯선 부모님들 계실 거예요. 대학에서 주 전공, 부 전공 이야기는 쉽게 들어보았지만 전공과는 쉽게 듣지 못하죠. 전공과는 특수교육 대상 학생을 위한 직업훈련과정입니다. 물론 느린 학습자 친구들이 특수교육대상자로 선정되기 쉽지 않은 것이 현실입니다. 일반학생들이 대학에 가듯이, 특교자 친구들이 대학 과정처럼 직업 전문과정으로 진학하는 것이죠. 이 전공과는 21년 기준 총 158개가 설치되어 있고, 대부분 특수학교 내에 설치되어 있죠. 일반고등학교 내 전공과는 이 중 34개 학급에 설치되어 있어요. 짧게는 1년 과정 길게는 2년 과정으로 되어 운영됩니다.

　전공과에서는 학교마다 운영하는 방식은 조금씩 차이가 있겠지만 크게 자립생활 훈련과 직업재활 훈련을 진행합니다. 자립생활 훈련은 기본적인 직업훈련 이전에 자기 관리 및 여가 활용과 관련된 영역을 지도해요. 라면 끓여 먹기, 옷차림 단정하게 하기로부터 시작해 직장에서 갖춰야 할 옷차림, 직장동료, 상사에게 해야 하는 인사법과 예절, CS교육을 받죠.

　아이들끼리 프로젝트처럼 현장학습을 계획해 다녀오기도 해요. 제가 근무했던 학교에서도 아이들끼리 경복궁에 가 한복을 입고 촬영하고 온다든지, 대학로 연극공연을 보고 온다든지 하는 여가 활용 능력을 훈련했어요. 또 근처 영화관에서 보고 싶은 영화를 보고, 지역 내 우체국에서 택배를 부치고 오는 등의 실생활 관련 훈련 등을 통한 자립생활 훈련을 교육한답니다. 학교에서 배우는 교과의 내용과는 차이가 조금 있죠? 훨씬 말 통하는 친구들도 생기고 자립생활도 배우고 좋은 면인 거 같아요.

　더 나아가서 직업재활 훈련이 있어요. 이것은 실제적인 취업을 위한 훈련인데요. 바리스타 교육을 위해 전문 바리스타를 초청해 커피 내리는 수업을 직접 배우기도 하고, 제과제빵 수업을 위해 전문 제빵사를 초빙해 제빵을 하기도 하죠. 덕분에 실습하는 날 학교는 달콤한 커피 향으로 가득하고, 향긋한 빵 굽는 냄새도 경험해볼 수 있습니다. 자격을 따기도 하는데요. 실습 시간을 채우면 필기시험이 면제되는 특별전형이 있어서 민간 바리스타 자격, 휠마스터 자격,

각종 컴퓨터 자격 등을 획득하기도 합니다. 그뿐만 아니라 현장에 나가 실습해 보기도 합니다. 이때 현장의 실제 일과를 배우기 때문에 취업으로 연결되는 경우도 있어요.

특별한 케이스라서 일반화시키기는 어렵지만 제가 경험한 아주 좋은 사례는 아이가 전공과 과정 중에 큰 금융회사 장애인 전형으로 합격해 취업에 성공하기도 했고, 휠마스터가 처음 열리는 시점에 대학병원에 취업해 사원증을 목에 걸고 출근하는 친구들도 있었답니다. 그 외에도 학교 일자리 사업으로 사서 보조, 급식 보조, 행정실 보조 등의 일을 하는 경우도 있고 얼마 전 연락해 온 제자들도 지금 현장 실습에 나가 직무를 배우고 있다고 굉장히 만족스러워하더라고요.

전공과는 어떻게 갈 수 있을까요?

전공과는 특수교육대상자이면서 고등학교를 졸업한 친구들이 지원할 수 있습니다. 매년 10월에 학교별로 모집공고가 나는데, 제가 속한 경기도에서는 2년 과정 전공과가 같은 날에 먼저 시험을 보고 그 이후에 1년 과정 전공과 전형이 열리더라고요. 지역마다 다르니 참고해주세요. 전형내용도 대학 시험처럼 교과과목이 아니라 체력, 사회성, 직업능력 등등 학교마다 다양한 부분에 평가 기준을 담고 있으니 이것은 따로 준비하셔야 합니다. 아이의 자립생활 능력에 초점을 맞춰 고등학교 생활을 준비하면 충분히 가능성이 있어요. 물론 기본 기능이 높은 친구들이 진학하는 경우가 대부분이지만 제가 경험했던 입시 결과 한번은 완전히 뛰어난 실력의 소유자였음에도 당일 컨디션에 따라서 떨어진 친구가 있는 반면에, 어떤 해에는 지원한 친구들의 전체 성적이 높지 않아 상위권의 기능을 가지지 않았음에도 합격한 친구도 있었습니다. 소신 지원의 힘이었죠.

전공과의 장점은 특수교사의 지도 아래서 전문적인 직업교육을 받을 수 있고, 나라에서 지원하는 장애인직업 고용 복지에서의 도움을 받을 수 있다는 것입니다. 결국 우리 아이들에게 있어 사회적응의 가장 중요한 축은 취업에 있는데, 취업 준비부터 취업 지도 취업 후 관리까지도 함께 도와줄 수 있는 곳이 있다는 것은 큰 도움이 되겠죠. 저는 전공과가 처음 설치되는 특수학교에서 근무했었고, 또 전공과가 설치된 고등학교에서 4년간 근무했습니다. 그 안에서 성장하는 아이들을 보았고, 취업하고 자신의 직업을 찾은 아이들도 경험했습니다. 그래서 조금 더 자신 있게 전공과를 추천해 드릴 수 있는 것 같아요.

Q. 우리 아이가 갈 수 있는 대학은 어디일까요?

A. 우리 느린 아이들에게 대학 진학은 아주 먼 나라 얘기일까요? 사실은 그

래요. 대학을 진로로 선택하는 친구들이 많지는 않아요. 그런데도 대학에 가는 친구들은 분명히 있습니다! 제가 가르친 학생 중에도 대학에 당당히 입학한 친구들 여럿 있거든요. 그리고 실제로 대학 진학을 목표로 준비하는 학부모님들도 꽤 계신답니다. 지금은 대학에 입학하고자 하는 학생 수보다 대학 입학 정원이 더 많아진 상황이라서 욕심만 부리지 않고, 등록금만 낼 의지가 있다면 어떻게든 대학에 입학시킬 수 있는 상황이 되고 있어요.

그럼 우리 아이들이 진학하는 대학에는 어떤 유형이 있을까요? 기본적으로 수능을 치러서 대학에 가는 정시전형은 우리 아이들에게 문턱이 너무 높아 대체로 쉽지 않습니다. 그 외에 경우 설명해 드릴게요.

첫 번째는 일반 학교 내에 장애인 특수교육대상자 전형으로 수시 모집하는 학교입니다

이건 학교마다 모집 요강에 따르는 것인데, 생각보다 많은 학교에 이 전형이 있다는 것을 아시면 놀라실 거예요. 명지대, 성신여대 등 사립대학부터 강원대, 충북대, 서울시립대 등 국공립대학도 들어있죠. 단 이곳은 전공이 특수교육대상자 중심으로 맞춰져 있는 것이 아니기 때문에 일반학과 전공을 선택해야 하고, 학습 난이도가 조정되기 어려운 현실이 있다는 점 감안 해야겠습니다. 이 중에서 특별한 곳은 한국복지대학이라는 곳인데요. 이곳은 장애 학생 특별지원에 특화하고 있어서 많은 인원이 입학하기도 하고 지원체계도 갖추고 있다고 합니다.

천안 나사렛대학교와 안산대학교가 있는데요. 먼저, 나사렛대학교 브릿지 학부에서는 지적장애 학생을 위한 4년제 정규대학 프로그램을 운영하고 있고, 직업 재활을 통해 사회에 참여하는 것을 목표로 삼고 있습니다. 내용도 진로지 도 취업 준비 기술훈련 커뮤니케이션 직업생활 등의 내용으로 구성되어 있어 요. 안산대학교 테이블 자립학과는 지적장애인이 성공적인 자립을 통해 건강 한 사회구성원으로 자리 잡을 수 있도록 돕는 것을 목표로 설립되었고 사무 행 정 보조, 도서 업무보조, 보건의료 시스템의 전문 보조 등 현장에 기반을 둔 실 무 중심의 교육을 지원하고 있다고 생각하면 되겠습니다.

경기도 가평에 있는 호산나 대학인데요. 이곳이 앞서 안내해드렸던 전공과와 가장 유사한 학교라고 보시면 되겠습니다. 호산나 대학은 3년 과정으로서 교양 학부 상호 자동 학과 노인 케어 학과 서비스학과 뷰티 케어 학과로 구성되어 있 고, 졸업 후 인턴십 과정을 선택할 수 있습니다. 아이들은 이곳에서 특수교육을 전공한 교수들에게 취업과 연계된 다양한 훈련을 받으며 도움을 받습니다.

이렇게 대학교 유형을 찾아보았어요. 그럼 대학은 우리 느린 친구들에게 어 떤 의미일까요? 부모님들은 왜 대학에 보내고 싶어 할까요? 저는 3명의 친구를 대학에 보내면서 각자 염두에 둔 가치가 다르다는 것을 느꼈어요. 조금은 느리고 특별하지만 고등교육을 받을 기회가 주어지는 건 당연한 권리라고 생각해요. 실제로 학생 스스로 의지를 표현했고, 부모님도 존중해주셨기 때문에 대학교 생활, 캠퍼스 문화를 경험시키시고자 보내셨던 일이 있어요. 또 어떤 상황에서는 대안 교육 과정처럼 전공과에서 탈락하고 현실적으로 취업은 어려우니 조금 비용이 발생하더라도 대안교육 형태에 대학을 보내고자 하는 경우도 있었죠. 두 경우 모두 만족도가 높았어요. 다만 한 가지 안타까웠던 경우는 부모님의 욕심으로 대학에 진학한 경우였어요. 아이의 의사와 여건보다는 부모님의 의지가 더 강했죠. 환경 측면으로 지원을 해주실 수는 있었지만 아이는 준비되어 있지 못한 상태였어요. 그래서 중도에 그만두었답니다.

"대학? 절대 안 돼!" 이것도 아니고요. "대학? 무조건이야!" 이것도 아닙니다. 우리 아이가 대학 캠퍼스에서 친구들과 함께 너른 잔디밭을 돌아다니며 웃고 있는 상상해 보는 것만으로 미소 지어보는 경험을 했으면 좋겠다고 생각했어요. 어느 부모님의 말처럼 현실은 냉혹하고 문턱은 서럽도록 높은 게 사실일지 몰라요. 그런데 그것만이 전부는 또 아니잖아요. 우리 아이들의 가능성은 아직 결론지어지지 않았습니다.

고등 생활이
즐거워지는 미션 활동

💬 **지역사회 시설 돌아보기**

느린 학습자의 행복한 삶이 이루어지려면 아이가 스스로 움직일 수 있는 범위를 넓혀야 합니다. 안전한 것을 추구해 익숙한 삶을 좋아하는 우리 아이들이지만, 넓은 시야를 선사한다면 더 넓은 곳에서 삶의 만족도를 높일 수 있을 것입니다. 다행히도 우리가 사는 지역에는 다양한 자원들이 있습니다. 무심코 지나갔던 이 자원들을 적절하게 활용할 줄 알면 생활의 질이 눈에 띄게 달라지겠죠? 미션을 통해 지역사회 활용 기술이 좋아지는 경험을 제공해주세요.

활동 방법

1. 우리가 사는 지역의 다양한 기관들을 표에 정리해봅니다.

2. 종이 가운데 우리 집을 그립니다.

3. 다양한 기관들의 위치를 넣어 놓습니다.

4. 직접 기관에 방문해 인증샷을 남겨옵니다.

5. 지도에 인증샷을 붙여 완성합니다.

기관명	주소	전화번호	특이사항(운명시간 등)
도서관			
동사무소			
우체국			
병원			
은행			
복지관			
상담센터			
...			

마을 지도(예시)

　지능점수가 높지만 대중교통을 이용할 수 없는 아이와 지능점수가 낮아도 대중교통을 이용할 수 있는 아이는 삶의 만족도가 굉장히 달라집니다. 향후 취업을 위해 구직할 때도 스스로 회사에 갈 수 있는 아이는 더 넓은 범위에서 보다 많은 회사를 선택할 수 있겠죠. 그렇기 때문에 스스로 대중교통을 이용해 이동하는 기술은 느린 학습자 친구들에게 꼭 필요한 영역 중 하나입니다. 느린 학습자 친구들은 예상치 못한 변수가 생기면 당황할 수 있으니, 사례별 맞춤 지도와 충분한 반복 이후에 실행해야 하는 것을 잊으면 안 됩니다. 무엇보다 사안 발생 시 부모와 연락할 수 있는 체계를 꼭 갖춰놓아야 합니다.

활동 방법

1. 우리 집을 중심으로 지역사회 기관을 선택합니다.
2. 아이와 함께 이용할 수 있는 대중교통 이용계획을 작성합니다.
3. 함께 이동하기, 함께 있지만 거리를 두고 혼자 이동하기, 혼자 이동하기 방식으로 단계별 미션을 진행합니다.

	대중교통	타는 곳	내리는 곳	소요시간	비용
대형 마트					
도서관					

공원				
영화관				
주민센터				
박물관				
체육관				

💬 여행 계획 짜기

　느린 학습자에게 여가 활동은 삶의 질을 높여주며 신체적, 지적, 사회적 측면에서 여러 가지 긍정적인 영향을 줄 수 있습니다. 또한 여행 이동부터 시작해 예산 관리, 맛집 탐방, 관광지 선택 등 다양한 영역에서 독립적으로 구성해야 하므로 독립심과 사회적 상호작용의 기회가 많아질 수 있습니다. 여행 계획을 짤 때는 너무 넓은 범위를 과제로 제시하지 말고, 지역사회 안에서 충분히 경험한 후 타지역으로 범위를 넓혀 계획을 세울 수 있도록 지도해 주는 것이 좋습니다.

활동 방법

1. 우리가 사는 지역에 여행지를 알아봅니다.

2. 부모님과 함께 이동하는 방법과 맛집, 관광지 정보를 찾아 계획을 세웁니다.

2. 직접 여행을 가고 인증샷을 남겨 보고서를 작성합니다.

여행 일정					
여행 파트너					
장소	여행지 1.				
	교통편	소요시간	교통비	볼거리 & 먹을거리 & 즐길거리	
	여행지 2.				
	교통편	소요시간	교통비	볼거리 & 먹을거리 & 즐길거리	
최종 장소					

에필로그

천천히 가도 돼. 우린 함께니까.

"인생의 10%는 당신에게 일어난 일이며, 90%는 그 일에 대한 당신의 반응이다."
항상 마음에 되새기는 문장으로 목사이자 베스트셀러 작가인 찰스 스윈돌이
한 말입니다.

돌이켜보면 제 삶 속에서 피해 갈 수 없는 어려움은 항상 존재했습니다. IMF
로 인해 집이 망하고, 학자금 대출은 물론 열심히 알바하며 돈을 벌어 대학교를
졸업해야 했죠. 장교 시험을 몇 달 앞둔 시점에서는 십자인대가 끊겨 장교의
꿈은 물거품이 되었습니다. 아파트는 언감생심이고 조촐하게 식을 치르고 원룸
에서 신혼생활을 시작했습니다.

제 인생이 답답해 한숨이 나온 적이 많았습니다. 뻔한 인생처럼 보였거든요.

어찌 보면 제게 일어난 일들은 뻔한 인생을 살아가라고 요구했을지 모릅니다. 그런데 뻔한 고등학생이었던 저를 있는 그대로 받아주신 목사님과의 만남으로 저는 새로운 꿈을 꾸게 되었습니다. 한참 힘들었던 시기 저를 포기하지 않고 거둬주셨던 고모부도 큰 힘이 되었죠. 끊임없는 눈물의 기도로 함께해주신 부모님은 말할 것도 없고요. 내 삶 속에서 함께 손을 내밀어 주신 가족들과 선생님들 덕분에 저는 이제 더 이상 뻔한 인생으로 살지 않고, 특별한 인생으로 살아가기로 다짐했습니다. 나와 같이 뻔한 인생을 사는 친구들에게 넌 특별한 아이야, 라고 말해주고 싶어 교사가 된 이유도 여기에 있었죠.

사랑스러운 러블린은 입양으로 만났습니다. 뻔한 제 인생이 누군가의 사랑으로 특별하게 변한 것처럼, 러블린의 시작은 뻔해 보일지 몰라도 우리 가정을 만나 사랑받으면 특별해질 수 있다고 믿었거든요. 그러던 어느 날 러블린은 경계선 지능을 진단받게 됩니다. 순간 제 마음속에서는 뻔한 인생이라는 키워드가 스멀스

멀 올라왔고, 이전에 경험했던 행복한 기억을 모두 삼켜버렸죠. 참 힘들었습니다. 지금 이 책을 읽고 있는 부모님들이 경험한 것처럼요. 예상치 못했던 상황이 제게 노크도 없이 들어와 버렸습니다. 러블린 엄마도 어린이집에서 속상한 이야기를 듣고는 마땅히 울 곳이 없어 세차장에 들어갔대요. 집에는 아이들이 있으니 티도 못 내고 한참을 배회하다가 세차장을 발견한 거죠. 이곳은 들키지 않고 울기에 최선의 장소였던 것 같아요. 빗물인지 눈물인지 엉엉 울어도 어느 누가 뭐라 하지 않잖아요. 인생은 참 야속해요.

　　그렇게 한참을 무기력하게 헤매던 어느 날, 저는 새로운 길을 선택했습니다. "우리 아이에게 주어진 인생은, 우리 가족에게 주어진 이 미션은 우리가 선택할 수 없었지만 상황에서 할 수 있는 반응은 선택할 수 있겠구나. 아이의 느린 속도를 탓하고, 제대로 돌보지 못한 나를 자책하기보다 아이의 있는 그대로를 인정하고, 제대로 돌볼 수 있도록 노력해야겠구나. 우리 이제 뻔하게 살지 말고 특별하게 살아보자!" 하고 말이죠.

   그때부터 저는 특수교사지만 느린 아이를 키우는 짠한 사람에서 특수교사로서 부모의 마음에 공감할 수 있는 특별한 교사가 되었습니다. 정보를 찾아 허우적대며 당황하던 부모에서 정보를 모아 전달하는 통로로서의 특별한 사명을 갖게 되었고, 학교에서 아이를 가르치는 동료 교사로서 느린 학습자 친구들을 소개하는 특별한 전달자가 되어 있었습니다. 제게 주어진 삶을 특별함으로 받아들인 덕분에 지금 이 자리에서 많은 분께 이 마음을 전달할 수 있게 된 것입니다.

   정신을 차리고 난 후 가족 등산을 실천하고 있습니다. 평지를 걷는 것보다 울퉁불퉁한 산길을 오르락내리락할 때 아이의 인지기능이 좋아진다는 이야기를 들었기 때문이죠. 등산이 시작되고 얼마 되지 않아 러블린은 평소처럼 멈추어 섰습니다. 그리고 안아달라고 짜증을 내기 시작했죠. 이전 같았으면 몇 번이고 안아주고, 업어주고 했을 텐데 짠한 마음은 내려놓고 이렇게 이야기했습니다. "천천히 가도 돼, 엄마아빠가 함께 가잖아" "천천히 가도 돼. 오빠들이 함께 가고 있잖아"

우리 아이들이 걸어가는 길은 울퉁불퉁한 길일지 몰라요. 언덕도 수백 번 넘어야 하고, 때론 돌부리에 걸려 넘어지기도 하겠죠. 남들은 정상을 밟고 하산하는 순간에도 우리는 여전히 산길을 오를 수도 있을 겁니다. 그때 이 말이 위로되었으면 좋겠어요. 혼자라고 느껴지고, 서러워서 눈물이 날 때 펑펑 울어버리고 이 말을 생각했으면 좋겠어요. 학교 가기 싫다 칭얼대고, 아무것도 하기 싫다 떼 쓰는 그날에도 아이에게 이 말을 전해주세요.

"천천히 가도 돼. 우린 함께니까"

이 책을 통해, 원치 않는 10%의 일을 삶의 전부로 둔 채 살아가는 대신 새로운 인식으로 90%의 행복까지 받아들이는 특별한 인생을 누리며 살아가는 계기가 마련되었으면 좋겠습니다. 우리 아이들은 특별합니다. 경계를 걷는 모든 이들과 함께 걸어가며 끝까지 응원하겠습니다.

참고문헌

Part 1

김태은 외, 〈느린 학습자 선별을 위한 체크리스트 개발〉, 한국 교육과정평가원 연구보고서, 2020.

김재원 외, 〈지역사회에서의 주의력결핍-과잉행동장애 선별기준에 대한 연구〉, 신경정신의학, 2004.

박찬선, 《경계선지능과 부모》, 이담북스, 2020.

Part 2

김태은 외, 〈우리가 몰랐던 교실: 44명의 아이들이 알려준 것들〉, 한국 교육과정평가원, 2020.

김태은 외, 〈초·중학교 학습부진학생의 성장 과정에 대한 연구〉, 한국 교육과정평가원, 2020.

정하나 외, 《경계선 지능 아동의 정서사회성》, 이담북스, 2021.

박찬선·정세희, 《경계선지능을 가진 아이들》, 이담북스, 2015.

Part 3

교육부, 〈특수교육대상학생 초등학교 입학적응지원 길라잡이〉, 경상남도교육청, 2017.

김진아, 〈경계선 지적 기능 아동에 대한 초등학교 교사들의 인식〉, 한국학습장애협회, 2018.

김근하, 〈경계선급 지능 초등학생의 학업성취 변화〉, 서울대학교 대학원, 2007.

박찬선, 《느린학습자의 공부》, 이담북스, 2021.

칙센트 미하이, 《몰입의 즐거움》(개정판), 해냄, 2021.

부산광역시교육청, 《신나는 1학년 교사용 지도서》, 부산광역시교육청, 2014.

Part 4

박주현, 《느린 학습자를 위한 수학교과 지도사례》, 좋은교사, 2020.

서울특별시교육청, 《경계선 지능 학생 지원 가이드북》, 2020.

김동일 외, 〈교육사각지대 학습자 지원 방안에 대한 초중고등학교 교사의 인식연구〉, 학습장애연구, 2019.

주은미, 최승숙, 〈경계선급 지능 중학생의 학교생활 경험 및 교육 지원요구에 대한 학생과 학부모 인식〉 학습장애연구, 2018.

푸른나무재단, 〈학교폭력 징후 및 예방수칙〉, 2020.

Part 5

교육부, 〈고교학점제 도입 운영 안내서〉, 한국 교육과정평가원, 2022.

페터 비에리 저, 《자기 결정》, 은행나무, 2015.

서울시 복지재단, 〈발달장애인 자립생활 지원 매뉴얼〉, 2015.

교육부, 〈2015 교육 과정 총론 해설〉, 2020.

한국보건복지인력개발원 아동자립단, 〈경계선지적기능아동 자립지원체계연구: 경계선지능 아동 자립 지원서비스 효과성 보고서〉, 2017.

함께 걷는
느린 학습자 학교생활

초판인쇄 2022년 8월 12일
초판 5쇄 2024년 7월 12일

지은이 이보람
발행인 채종준

출판총괄 박능원
책임편집 신수빈 · 유 나
디자인 서혜선
마케팅 문선영 · 전예리
전자책 정담자리
국제업무 채보라

브랜드 이담북스
주소 경기도 파주시 회동길 230(문발동)
문의 ksibook13@kstudy.com

발행처 한국학술정보(주)
출판신고 2003년 9월 25일 제406-2003-000012호

ISBN 979-11-6801-532-6 03370